GORGIAS

OU
SUR LA RHÉTORIQUE

Direction de l'édition
Philippe Launaz

Direction de la production
Danielle Latendresse

Direction de la coordination éditoriale
Sylvie Richard

Charge de projet
Francine Cloutier

Correction d'épreuves
Carolyne Roy

Conception et réalisation graphique
Interscript

Sources iconographiques complémentaires
Page couverture, Platon montrant le ciel
du doigt dans la fresque *L'École d'Athènes*
de Raphaël (1510), Musée du Vatican, Rome.

L'adresse de la licence GNU FDL est la
suivante pour tous les documents mis à
disposition aux conditions de cette licence :
<http//www.gnu.org/copyleft/fdl.html>.

Les Éditions CEC inc. remercient le gouvernement du Québec de l'aide financière
accordée à l'édition de cet ouvrage par l'entremise du Programme de crédit d'impôt
pour l'édition de livres, administré par la SODEC.

Gorgias ou Sur la rhétorique

© 2006, Les Éditions CEC inc.
8101, boul. Métropolitain Est
Anjou (Québec) H1J 1J9

Dépôt légal : 2006
Bibliothèque et Archives nationales du Québec
Bibliothèque et Archives Canada

ISBN 978-2-7617-2524-8

Imprimé au Canada
1 2 3 4 5   11 10 09 08 07

GORGIAS

OU

SUR LA RHÉTORIQUE

P L A T O N

Adaptation de la traduction
d'Émile Chambry (1864-1938).
Présentation et notes
Céline Garneau

LES ÉDITIONS
CEC
Ϟ QUEBECOR MEDIA

8101, boul. Métropolitain Est, Anjou (Québec) Canada H1J 1J9
Téléphone : 514-351-6010 • Télécopieur : 514-351-3534

REMERCIEMENTS

Je remercie Philippe Launaz qui m'a donné l'opportunité de réaliser ce livre et qui ne m'a pas ménagé son soutien et ses encouragements.

Je tiens à témoigner chaleureusement ma reconnaissance et mon estime à Francine Cloutier dont le grand professionnalisme, la gaieté, la patience, la justesse des remarques, modifications et suggestions, qui ont balisé la production de cet ouvrage, ont permis que notre travail en commun soit en même temps un beau moment de plaisir.

Je remercie Éliane Bélanger pour son aide attentive à la préparation matérielle du manuscrit de ce livre.

Je remercie mes collègues, Jean-Claude Brès, Dario de Facendis et Louis Simard, qui ont eu l'amabilité et la générosité de partager avec moi leurs réflexions, fruit de leur enseignement et de leur étude approfondie du *Gorgias*.

J'exprime ma gratitude à Georges Leroux qui m'a généreusement fait l'honneur de lire le manuscrit de ce livre. Ses remarques et suggestions m'on été très précieuses.

Enfin, je dédie cet ouvrage à mes anciens étudiants avec qui j'ai eu le bonheur de travailler le *Gorgias* et dont les questions, commentaires, objections aussi ont nourri ma réflexion et continuent encore à l'enrichir, à leur insu.

Céline Garneau

TABLE DES MATIÈRES

PLATON :
ÉLÉMENTS DE BIOGRAPHIE

Les plus anciennes indications biographiques sur Platon sont celles d'Apulée au
2ᵉ siècle et surtout, les plus connues, celles de Diogène Laërce dans *Vies, doctrines et sentences des philosophes illustres*, oeuvre écrite au 3ᵉ siècle. Ces biogra-
phies font toujours une large place à la légende et n'ont rien à voir avec les
exigences d'exactitude et de rigueur que nous attendons aujourd'hui d'une bio-
graphie. De plus, pour ne rien arranger, Platon ne parle à peu près jamais de lui
dans son oeuvre. Les renseignements concernant son origine et ses ascendants
sont donc à prendre avec circonspection.

Platon naquit en ~428 ou en ~427, peu de temps après la mort de Périclès*
(v.~495 à ~429). Il était issu de l'une des plus nobles familles d'Athènes ; on le
dit descendant, du côté paternel, de Codrus (~11ᵉ siècle), dernier roi d'Athènes
et, du côté maternel, ce qui est plus attesté, de Solon (v.~640 à v.~558), premier
législateur d'Athènes dont les réformes ouvrirent la voie à la démocratie. Rappelons que Solon était l'un des Sept Sages, nom donné à un groupe d'hommes
politiques, législateurs et philosophes des ~6ᵉ siècle et ~5ᵉ siècle réputés pour
leur sagesse pratique et la profondeur de leurs maximes. Les plus connus sont
Thalès, Bias et Pittacos. Le nombre 7 était, dans l'Antiquité, considéré comme le
nombre de la sagesse et de la connaissance ; il allait donc de soi que les Sages
soient au nombre de sept. La liste en aurait été établie par les prêtres de Delphes sur indication de l'oracle.

Platon était également apparenté à Critias (~450 à ~404) et à Charmide
(deux dialogues de Platon portent leur nom en titre) qui comptèrent parmi les
Trente Tyrans qui exercèrent le pouvoir pendant quelques mois en ~404. C'est
dire qu'il était, par sa naissance, prédestiné à jouer un rôle politique actif dans
la cité. Très jeune, il fut aussi attiré par la poésie à laquelle il s'adonna, et on lui
prête également la composition de tragédies. La facture de ses dialogues confirme, d'ailleurs, ses talents de poète et de dramaturge.

L'évènement déterminant de sa vie fut, à 20 ans, sa rencontre avec Socrate,
qui en avait plus de 60, et dont il devint le plus fidèle disciple jusqu'à la mort de
ce dernier, soit pendant huit ans. Il abandonna alors son activité littéraire ; on dit

---

* L'astérisque placé à la suite d'un nom renvoie au lexique des dieux et personnages historiques qui se trouve en fin d'ouvrage.

L'Académie de Platon représentée dans la fresque *L'École d'Athènes* de Raphaël (1510), Musée du Vatican, Rome.

même qu'il renonça à participer au concours de tragédies et qu'il brûla les siennes. L'injuste et scandaleuse condamnation à mort de Socrate en ~399 ouvrit en son âme une blessure qui ne se referma jamais et elle n'est certainement pas étrangère à la sévère attitude critique qui fut la sienne envers la démocratie.

Après la mort de Socrate, Platon quitta Athènes et entreprit une série de grands voyages qui le menèrent à Mégare où il rencontra le mathématicien Euclide, en Égypte, dans le sud de l'Italie où il fréquenta les pythagoriciens, c'est-à-dire des disciples de Pythagore* (v.~580 à v.~500). Il se rendit ensuite à trois reprises en Sicile (~387, ~367, ~361) auprès du tyran Denys de Syracuse et plus tard de son fils, lesquels avaient sollicité sa présence comme conseiller. L'expérience auprès du père et du fils, chaque fois, tourna mal : Platon échoua lamentablement dans ses efforts pour rallier ses hôtes à ses idées philosophiques et politiques.

En ~387, de retour de son premier voyage en Sicile, il fonda l'Académie (du nom des jardins d'Ακαδημος « Akadêmos », à la périphérie d'Athènes où il l'installa), qui fut la première grande école de philosophie, mais aussi de biologie, de mathématiques et d'astronomie. Au fronton de l'édifice, on pouvait lire l'inscription : « Que nul n'entre ici s'il n'est géomètre. » Le programme en était conçu pour dispenser la formation aux futurs gouvernants et législateurs. Platon y enseigna jusqu'à sa mort en ~348 et y écrivit sans doute la plus grande partie de son oeuvre, activité qui n'a été interrompue que par ses deux autres séjours en Sicile. L'Académie perdura pendant près de mille ans, soit jusqu'en 529 de notre ère. Platon ayant abandonné son rêve de jeunesse de devenir lui-même un dirigeant politique se sera consacré à la tâche d'éducateur des futurs dirigeants. Cette tâche fut l'affaire de sa vie.

Platon est contemporain de la plus grande crise que connut la très démocratique Athènes. Cette crise, engendrée par la guerre du Péloponnèse qui a duré près de trente ans (de ~431 à ~404), a opposé Athènes à Sparte et leurs alliés respectifs et s'est terminée par la reddition d'Athènes. Crise politique donc, mais aussi crise des valeurs et crise morale dont le point culminant pour Platon fut la condamnation de Socrate. Comment « le plus juste des hommes » peut-il être ainsi condamné par sa propre cité ? Que la justice puisse être aussi outrageusement bafouée sera, pour Platon, le révélateur d'un mal plus grand, plus profond, à la racine même de l'organisation politique de la cité et de la politique en général. L'extrait qui suit de la Lettre VII (dans Chambry 1939 : 319) — écrite alors qu'il avait autour de 70 ans et l'une des rares occasions où Platon se fait autobiographe — éclairera davantage l'origine et le sens de cette préoccupation dont, bien sûr, *Gorgias* est une éclatante illustration :

> [...] plus je considérais aussi les lois et les coutumes et plus j'avançais en âge, plus il me paraissait difficile de bien administrer les affaires de l'État [...]. En outre, les lois écrites et les moeurs se corrompaient et le mal faisait des progrès si prodigieux

que moi, d'abord si plein d'ardeur pour prendre en main l'intérêt public, considérant cette situation et voyant que tout allait à la dérive, je finis par en être étourdi. Cependant je ne cessai point de rechercher les moyens d'améliorer cette situation et le régime politique tout entier, attendant toujours les occasions d'agir. Mais à la fin je reconnus que tous les États actuels sans exception sont mal gouvernés ; car leur législation est à peu près incurable sans une merveilleuse réorganisation entreprise dans des circonstances favorables. C'est ce qui me fit déclarer, dans mon éloge de la philosophie, que c'est par elle qu'on peut discerner toutes les formes de la justice politique et individuelle, et que, par conséquent, la race des purs et vrais philosophes arrive au pouvoir, ou que ceux qui détiennent l'autorité dans les États deviennent, par une faveur du ciel, réellement philosophes.

C'est pourquoi, à travers la diversité des thèmes dont traitent ses dialogues — beauté, amour, devoir, justice, piété, langage, etc. — la visée éthico-politique sera toujours présente, même dans les oeuvres les plus abstraites et apparemment les plus éloignées de telles considérations.

L'oeuvre de Platon compte notamment trente-cinq dialogues dont l'authenticité n'est pas contestée. Selon Georges Leroux, spécialiste et traducteur de Platon, on s'accorde pour les diviser en trois groupes :

- un premier groupe comprenant les dialogues dits de jeunesse dans lesquels la personne et la méthode de Socrate occupent le centre (*Apologie de Socrate, Criton, Lachès, Eutyphron, Charmide*, etc.) ;
- un deuxième groupe dans lequel se trouvent exposées la métaphysique et la théorie des formes intelligibles (*Phédon, Phèdre, Banquet, République*, etc.) ;
- enfin, un troisième groupe dans lequel la théorie des formes est l'objet de critique et en voie de se transformer en une doctrine des genres (*Parménide, Sophiste, Philèbe*, etc.).

Gorgias et *Ménon* sont considérés par plusieurs comme des dialogues de transition entre la première et la deuxième période.

Les dialogues de Platon ont été traduits en latin et dans presque toutes les langues modernes occidentales. Il est d'usage de citer et de numéroter le texte de ces traductions en indiquant la page et la section qui correspondent à celles du texte grec de ces oeuvres établi par Henri Estienne, qui les a publiées en 1578, à Genève. Dans cette édition, en trois volumes, les pages sont divisées en deux colonnes, l'une comprenant le texte grec, l'autre sa traduction latine. C'est entre ces deux colonnes que figurent les lettres *a, b, c, d, e* qui en distinguent les sections.

REPÈRES HISTORIQUES ET CULTURELS

Histoire	Socrate et Platon	Événements culturels
~8ᵉ siècle		Homère, auteur de l'*Iliade* et de l'*Odyssée*.
		Hésiode, poète et écrivain, *Les travaux et les jours*, *Théogonie*.
		Premiers Jeux olympiques datés.
~7ᵉ siècle		v.~625 à v.~546 Thalès de Milet, philosophe et mathématicien.
~625 Dracon fait une première réforme du système de justice.		v.~610 à v.~545 Anaximandre, philosophe et mathématicien.
~6ᵉ siècle		v.~580 à v.~500 Pythagore, philosophe et mathématicien.
~594 Solon crée les principales institutions démocratiques.		v.~576 à v.~480 Héraclite, philosophe.
		v.~570 à v.~480 Xénophane, philosophe.
~507 Clisthène consolide l'organisation démocratique.		v.~586 à v.~526 Anaximène, philosophe.
		v.~544 à v.~450 Parménide, philosophe.
		v.~525 à ~456 Eschyle, dramaturge.
~5ᵉ siècle		v.~500 à v.~428 Anaxagore, philosophe ; il subit un procès pour impiété.
v.~495 Naissance de Périclès.		~496 à ~406 Sophocle, dramaturge.
~490 et ~480 Guerres médiques, les cités grecques résistent aux Perses.		~490 à v.~435 Empédocle, philosophe.
~480 Thémistocle commande la flotte athénienne et remporte la victoire de Salamine.	~470 Naissance de Socrate.	v.~487 à v.~380 Gorgias, sophiste et orateur.
		v.~485 à v.~420 Zénon d'Élée, philosophe.

Histoire	Socrate et Platon	Évènements culturels
~450 Athènes à la tête de la Ligue de Délos, perçue peu à peu comme un « empire athénien », suscite rivalités et conflits.		~485 à ~411 Protagoras, sophiste célèbre ; il subit un procès pour impiété.
		v.~484 à v.~425 Hérodote, historien.
~446 Traité de paix de Trente ans entre Athènes et Sparte.	~432 à ~430 Socrate est soldat.	~480 à ~406 Euripide, dramaturge.
	~430 Début de la mission de Socrate.	v.~460 a v.~370 Démocrite, philosophe matéria-liste.
~431 Début de la guerre du Pélopon-nèse.		v.~460 a v.~377 Hippocrate, médecin.
~430 à ~429 Siège de Potidée (auquel participe Socrate).	~429 Socrate sauve Alcibiade à la bataille de Potidée.	~450 à ~386 Aristophane, auteur de comédies.
~430 Grande épidémie de peste ou de fièvre typhoïde.	~428 ou ~427 Naissance de Platon.	~423 Les nuées d'Aristophane.
	~408 à ~399 Platon suit l'enseignement de Socrate.	fin ~5e siècle Thrasimaque, sophiste que Platon fait dialoguer avec Socrate dans La République.
~429 Mort de Périclès.		
~424 Défaite de Délion, Athènes est vaincue par Thèbes.	~406 Socrate préside le Conseil. Procès des généraux qui n'ont pas porté secours aux naufragés durant la bataille aux îles Argi-nuses. Les accusés sont jugés en bloc, mal-gré l'opposition de Socrate, qui réclame des procès individuels comme le stipulait la loi.	
~421 Paix de Nicias.		
~411 à ~404 Multiples bouleverse-ments politiques et militaires. Athènes vit sous l'oligarchie, puis sous une forme de démocratie. Elle connaît enfin la tyrannie des Trente.		
~406 Victoire d'Athènes aux îles Arginuses.		
~404 Fin de la guerre du Péloponnèse.		
~404 à ~378 Domination d'Athènes par Sparte.		

Histoire	Socrate et Platon	Événements culturels
~403 Retour de la démocratie. Il s'agit maintenant d'une démocratie constitutionnelle (constitution écrite) et non d'une démocratie orale et coutumière.	~399 Procès et mort de Socrate. ~399 à ~390 Platon écrit *Hippias mineur, Ion, Lachès, Charmide, Protagoras, Eutyphron*.	~384 à ~322 Aristote, philosophe. v.~365 à ~275 Pyrrhon, fondateur du scepticisme. v.~390 Praxitèle sculpte la statue de la déesse Aphrodite.
~4ᵉ siècle ~384 à ~322 Démosthène, chef d'État démocrate et grand orateur. ~336 Alexandre le Grand succède à son père, Philippe de Macédoine, à l'âge de 20 ans. Il soumet la Grèce et entreprend la conquête de l'Empire perse.	~390 à ~385 Platon écrit *Gorgias, Ménon, Apologie de Socrate, Criton, Euthydème, Lysis, Menexène, Cratyle*. ~389 Voyage de Platon dans la Grande Grèce (Italie du Sud). ~387 Voyage de Platon en Sicile. ~387 Platon fonde l'Académie. ~385 à ~370 Platon écrit *Phédon, Le banquet, La République, Phèdre*. ~370 à ~348 Platon écrit ses dernières oeuvres: *Théétète, Parménide, Sophiste, Politique, Timée, Critias, Philèbe, Les lois*. ~367 Voyage de Platon en Sicile. ~361 Voyage de Platon en Sicile. ~348 Mort de Platon.	v.~360 Aristippe le Jeune. Suivant l'enseignement de sa mère, Arété (doctrine des plaisirs ou hédonisme), il continue l'école cyrénaïque. ~343 Aristote devient le précepteur d'Alexandre le Grand. ~341 à ~270 Épicure, penseur de l'épicurisme. v.~335 à v.~264 Zénon de Citium, fondateur du stoïcisme. ~335 Aristote fonde le Lycée à Athènes.

LES PERSONNAGES DU *GORGIAS*

Platon met en scène dans son *Gorgias* des protagonistes qui, au cours de la discussion, font à l'occasion appel à certains dieux de la mythologie grecque, tels Zeus, Héra, Athéna, ou font référence à des personnalités connues à l'époque, le plus souvent des hommes politiques importants qui ont marqué l'histoire d'Athènes, tels Thémistocle, Périclès, Alcibiade.

LES DIEUX ET LES PERSONNAGES HISTORIQUES MENTIONNÉS

Des renseignements succincts sur les dieux ainsi que sur les personnages historiques mentionnés par les protagonistes se trouvent page 159. Quant aux autres personnages de moindre importance dont il est occasionnellement fait mention, ils font l'objet d'une note en marge du texte.

LES PROTAGONISTES

Le *Gorgias* est construit comme une pièce de théâtre en quatre actes — trois entretiens et un long monologue de Socrate — dont la vigueur et l'intensité des débats vont croissant jusqu'au grand mythe final qui couronne l'ensemble. Il compte cinq protagonistes : Socrate, bien sûr, le personnage central qui initie et dirige cet entretien ; il est accompagné de son ami de toujours, Chéréphon, qui joue, pour ainsi dire un rôle de soutien. En face d'eux, trois orateurs d'inégale importance qui seront à tour de rôle les interlocuteurs de Socrate : Gorgias, le plus célèbre, Polos, un de ses disciples, tous deux originaires de Sicile, et Calliclès, admirateur de Gorgias. À l'exception de ce dernier, tous les personnages ont réellement vécu et ils étaient connus des contemporains de Platon. Voici quelques caractéristiques que Platon leur prête et qui déterminent le discours qu'il leur fait tenir. Ils sont ici présentés selon leur ordre d'entrée en scène dans le dialogue.

Calliclès

Le personnage de Calliclès est une énigme : aucune autre source que Platon dans le *Gorgias* n'en fait mention. Or, c'est un cas unique dans l'oeuvre de Platon qu'un personnage qui tient un rôle aussi important et significatif (l'entretien entre Socrate et Calliclès fait plus de la moitié du dialogue et est l'occasion de la confrontation la plus radicale), soit ou un parfait inconnu ou, tout simplement, une invention de l'auteur. Platon ne faisant rien au hasard, plusieurs interprétations ont été données de ce fait singulier (voir Canto-Sperber 1993 et De Romilly 1988). Les auteurs s'accordent au moins sur un point : cette singularité a une signification philosophique. Elle permet à Platon de donner à voir les conséquences désastreuses, tant sur le plan moral que politique, que peut entraîner la rhétorique.

Les attitudes et les propos que Platon prête à Calliclès nous permettent d'en tracer un portrait. C'est un jeune homme riche, ambitieux et insolent, violent même, qui, comme les hommes de sa classe sociale, aspire au pouvoir dans la cité. C'est un homme cultivé et au fait de l'enseignement des sophistes, ces « maîtres de vertu » itinérants enseignant contre salaire l'art de réussir sa vie politique : son flamboyant réquisitoire sur la nature et la loi en témoigne. S'il semble avoir de l'admiration pour les orateurs (c'est chez lui que Gorgias habite pendant son séjour à Athènes) et un goût pour les joutes oratoires, il méprise aussi bien les sophistes que les philosophes, mais son hostilité à l'endroit de l'activité philosophique est particulièrement farouche.

Platon a fait de Calliclès l'incarnation de « l'immoralisme pur et dur » et de tout ce qui est fondamentalement opposé aux valeurs philosophiques. Il en fait le chantre de la démesure dans l'assouvissement des passions. Là où Gorgias et Polos manifestaient une certaine retenue ou, selon Calliclès, de la gêne à dire le fond de leur pensée, ce qu'il leur reprochera d'ailleurs, il entend bien, lui, ne pas se laisser confondre et il poussera à l'extrême limite la contestation des valeurs de justice et de courage, des fins de la vie humaine en les inversant radicalement. Il se moque de la justice selon la loi, oeuvre des faibles qu'il méprise, de la démocratie qui n'est rien de plus que la confiscation injuste du pouvoir par ces mêmes faibles dans le but d'entraver la force vitale des êtres réellement supérieurs.

Les idées et les anti-valeurs que défend Calliclès constituent une négation radicale de celles que défend Socrate ; elles sont antinomiques et aucun compromis entre elles n'est possible, ce qui donne au débat entre ces deux protagonistes qui se confrontent davantage qu'ils ne dialoguent, sa puissance dramatique et jette une lumière cristalline sur l'intensité de l'engagement philosophique et moral de Socrate.

Socrate

Socrate (~470 à ~399) est incontestablement le personnage le plus atypique de l'histoire de la philosophie occidentale tout en étant celui que tous les philosophes n'ont jamais cessé de reconnaître comme la figure centrale de la philosophie, voire l'incarnation de l'idéal philosophique ou, pour certains (dont Nietzsche), l'objet d'un vif sentiment d'amour-haine. Or, ce « maître » n'a rien écrit et n'a jamais enseigné, si l'on entend par là oeuvrer à l'intérieur d'une école ou d'une académie quelconque.

Fils d'un tailleur de pierre et d'une sage-femme, il pratiqua le métier de ses deux parents : tailleur de pierre dans la vie civile et, par la pratique de la maïeutique, il se dira accoucheur du savoir que l'âme de l'homme porte en elle. Comme il n'a rien écrit, il faut, pour connaître sa pensée et sa manière de vivre, s'en remettre à ce qu'ont dit de lui ses contemporains dont les propos sont parfois divergents. Les plus connus sont Aristophane*, Xénophon* et, bien sûr, Platon, son plus fidèle et génial disciple.

Buste de Socrate. Copie romaine d'un original grec du ~4ᵉ siècle, Musée du Vatican, Rome.

© photo Jastrow (2006)

Socrate n'était pas un philosophe solitaire, en retrait du monde, bien au contraire ; il était pleinement dans la cité au milieu de ses concitoyens et son enseignement a comme théâtre les places publiques, le marché, le gymnase, les échoppes d'artisans, bref tous les lieux où les gens se retrouvent, bavardent, discutent, comme on le fait encore, de manière spontanée et le plus souvent irréfléchie de sujets faisant intervenir des notions telles la beauté, le bonheur, le courage, la justice. Plutôt que de répondre à une question ou à une demande de conseil — par exemple : quelle éducation doit-on donner à ses fils pour en faire des hommes courageux ? (*Lachès*) —, Socrate, par un travail patient, lent et méthodique fait de questions et réponses (méthode que l'on appellera *l'élenchos*), mettra à l'épreuve les idées reçues, les opinions toutes faites, les jugements de valeur assurés, suscitant ainsi le doute chez son interlocuteur en révélant la fragilité de son prétendu savoir et les contradictions qu'il recèle. Pour dire qu'une action, qu'un homme sont justes, beaux, courageux, il faut d'abord savoir ce que sont la justice, la beauté, le courage et, la plupart du temps la plupart des hommes ne le savent pas, bien que prétendant le savoir. Socrate, lui, sait qu'il ne le sait pas et c'est en cela et en cela seulement, selon lui, que réside sa sagesse.

La visée de la démarche socratique n'est pas la destruction des valeurs morales, religieuses ou civiques et leur dissolution dans un scepticisme généralisé ; ce qui est en jeu est bien plutôt d'en approcher la vérité une et inébranlable et ainsi de mettre la pensée en accord avec elle-même. Une vie sans examen ne vaut pas d'être vécue, ne cessera-t-il de dire, et c'est cette conviction qui est pour lui, et pour ceux qui veulent bien le suivre sur cette voie, la condition d'une conscience morale authentique portée par les valeurs fondamentales de vérité, de justice, de courage, de maîtrise de soi.

Si jamais Socrate ne quitta le coeur de la cité et la compagnie de ses concitoyens, s'il fut, comme lui fait dire Platon dans *Gorgias*, « un des rares Athéniens, pour ne pas dire le seul, qui s'attache au véritable art politique » (521d),
c'est sans doute, comme l'a écrit Merleau-Ponty (1953 : 65), « qu'il pensait qu'on
ne peut être juste tout seul, qu'à l'être tout seul on cesse de l'être ».

Cela ne fut pas toujours bien compris par ses contemporains dont certains
virent en lui — ses idées, sa manière d'agir, sa manière de discuter — un empê-
cheur de tourner en rond, voire un danger pour la cité, ses valeurs, ses traditions. Cité à procès pour motif d'impiété et de corruption de la jeunesse, il
refusa l'aide d'un orateur habile en plaidoirie et se défendit à sa manière : en
philosophe. Le peuple d'Athènes le jugea coupable et le condamna à mort. Il
but la cigüe et mourut en ~399. Il aura été le premier philosophe assassiné.

Dans *Gorgias*, Platon met en lumière une autre dimension du personnage de
Socrate. Il n'est pas seulement ici le « taon qui pique », celui qui, par son art de
questionner, débusque les faux savoirs, plonge ses interlocuteurs dans l'embarras et leur apprend, pour ainsi dire, l'ignorance salutaire. Certes, il est encore
cela, mais il est aussi quelqu'un qui affirme, qui confronte avec ténacité des
interlocuteurs de plus en plus hostiles. C'est un Socrate qui témoigne avec force
et conviction des valeurs qui sont les siennes, et surtout du genre de vie auquel
elles engagent.

Cet engagement passionné pour la philosophie, l'impopularité à laquelle il le
condamne, la critique sans concession qu'il fait des valeurs et codes sociaux de
la société athénienne de son temps éclairent à postériori la portée de la condamnation dont il fut l'objet et de sa fin tragique. En ce sens, il n'est pas interdit
de voir dans le *Gorgias* et le portrait sublime que Platon y dessine de Socrate,
l'hommage le plus vibrant et le plus grave qu'il rend à son maître.

Chéréphon

Chéréphon était l'ami d'enfance et le disciple de Socrate, qu'il accompagnait
partout. Il aurait été, selon Socrate lui-même, à l'origine de sa vocation philosophique puisque c'est lui qui aurait demandé à la Pythie de Delphes s'il y avait
un homme plus sage que Socrate et qu'elle lui aurait répondu par la négative.
Cet évènement est rappelé par Platon dans l'*Apologie de Socrate*. Chéréphon est
présent dans plusieurs dialogues de Platon et s'il n'est pas présent dans les dialogues se rapportant au procès et à la mort de Socrate, (*Apologie, Criton, Phédon*), c'est qu'il était déjà mort depuis quatre ans.

Gorgias

Né à Léontini en Sicile, Gorgias (v.~487 à v.~380) fut, avec Protagoras* (~485 à
~411), le plus célèbre et influent sophiste grec. Sa renommée devait en effet
être hors du commun puisqu'il fut le seul « sage » (« σοφος ») à avoir sa statue à

Delphes, en or massif qui plus est. Sa spécialité était principalement l'enseigne-ment. Bien que son oeuvre littéraire, philosophique et politique fut, dit-on, importante, deux oeuvres de lui seulement, lesquelles sont des plaidoyers, nous sont parvenues dans leur intégralité, l'*Éloge d'Hélène* et l'*Apologie de Pala-mède*, qui illustrent bien les propos que Platon lui prêtera : s'il est bien formé, l'orateur peut, grâce à son habileté technique, défendre n'importe quelle cause, le pour et le contre sans égard à la vérité et à la fausseté. On disait de lui qu'il était un « enchanteur de mots ».

Gorgias vint à Athènes en ~427 à titre d'ambassadeur pour solliciter l'aide de celle-ci pour sa ville de Léontini menacée par les Syracusains. Il souleva l'admi-ration des Athéniens par l'éloquence et la beauté de son discours devant l'Assemblée et les jeunes gens de bonnes familles fréquentèrent ses leçons, qu'ils rétribuaient à prix d'or. Il était célèbre et sollicité dans la Grèce entière, et assister à ses conférence sur quel que sujet que ce soit était un honneur, un pri-vilège et une « fête » comme il est dit au début du prologue.

Même si on le range généralement parmi les sophistes — il était, comme eux, étranger à Athènes, orateur itinérant qui se faisait payer pour ses leçons — il s'en distingue par un trait essentiel : Gorgias ne se présenta jamais comme un maître de vertu s'engageant à former de bons citoyens et de futurs hommes politiques accomplis. Il était plutôt ce qu'on appellerait aujourd'hui un théori-cien du discours et des ressources du style. Il se présentait d'ailleurs lui-même comme un orateur et un maître de rhétorique.

La tonalité élégante, voire déférente de la discussion entre Socrate et Gorgias ne doit pas nous faire oublier l'enjeu de cet entretien qui est, pour Platon, de produire une critique de la rhétorique.

L'entretien portera donc, dans un premier temps, sur une recherche de défini-tion de la rhétorique et de ce qu'elle peut. Après détours et tentatives parfois mala-droites et pompeuses, il apparaîtra clairement que l'orateur peut parler de tout avec éloquence et persuasion mais sans avoir une connaissance précise de ce dont il parle. Il s'agit donc d'un art sans contenu ni objet, pur agencement formel de mots et d'idées en vue de plaire à un auditoire donné. Gorgias concède cela volon-tiers ; il y voit même ce qui confère à la rhétorique son extraordinaire puissance. Mais le véritable problème apparaît quand se pose la relation de la rhétorique avec la justice. Gorgias, en toute bonne foi ou par une sorte de gêne, répugnant à reconnaître que l'orateur, lorsqu'il parle du juste ou de l'injuste, à l'Assemblée ou ailleurs, n'a aucune connaissance de ce qu'est la justice, Socrate l'enserrera dans les rets de sa dialectique d'où un Polos, furieux, essaiera de le tirer.

Polos

Orateur, originaire d'Agrigente en Sicile, Polos aurait été, à fort prix vu qu'il était très riche, élève de Gorgias à qui il vouait une grande admiration. Platon le mentionne dans un autre dialogue, *Phèdre*. Polos aurait écrit un traité sur l'art oratoire qui aurait eu un certain succès dans les milieux cultivés d'Athènes.

Platon le présente ici comme un jeune homme fougueux, arrogant, et provocateur à l'égard de Socrate. En lieu et place d'arguments il recourt à la moquerie et au sarcasme, il fait appel à l'opinion du grand nombre et aux exemples historiques pour défendre son point de vue. Avec l'entrée en scène de Polos comme interlocuteur de Socrate, on s'éloigne, bien que sans le quitter complètement, du terrain de la rhétorique pour celui de la morale, plus précisément de la discussion du genre de vie le plus susceptible d'apporter le bonheur.

Pour Polos, qui a comme idéal la figure du tyran, la question est simple et, pour ainsi dire, résolue d'avance : à quoi bon vivre selon la justice si cela ne rapporte pas ? Certes, il faut préserver une certaine apparence de respectabilité et de moralité, mais il importe surtout de disposer d'un pouvoir qui garantisse en tout temps l'impunité, quels que soient les forfaits et les crimes commis. C'est pour cela que des tyrans comme Archélaos* sont enviables. Mais, faute de disposer d'une telle puissance qui, aux yeux de Polos, rend vaine toute distinction entre justice et injustice et, ultimement, la prive de toute signification, il faut savoir jouer le jeu, faire semblant afin d'éviter que ses propres injustices soient connues ou pire, sanctionnées. Socrate ne comprend-il donc pas cela ? La justice n'est qu'une parade et la rhétorique l'adjuvant précieux de cette parade.

Avec ce portrait peu flatteur que Platon trace de Polos et de ce qu'il défend, ce sont l'hypocrisie sociale et les anti-valeurs qui la sous-tendent qui sont ici implacablement mises en procès et auxquelles Socrate va s'attaquer sans ménagement amenant Polos à déclarer forfait sans toutefois entraîner sa conviction.

LE CONTEXTE POLITIQUE ET CULTUREL DU *GORGIAS*

Le *Gorgias* est probablement le seul dialogue de Platon qui a une dimension aussi explicitement militante : c'est la mise en scène d'un combat ; les premières répliques du prologue annoncent déjà, sur un mode courtois et presque léger, le ton de la suite. Combat donc, entre le genre de vie centré sur le pouvoir et l'action politique, dont la rhétorique est l'instrument privilégié, et la vie philosophique orientée vers la réflexion sur les valeurs morales qui doivent guider la vie de chacun et l'exercice du pouvoir dans l'État. Socrate, bien sûr, expose et défend la vie philosophique avec ardeur et courage ; en face, les trois orateurs, Gorgias, Polos et Calliclès, font bloc contre lui avec une conviction qui s'affirme jusqu'à l'obstination extrême de Calliclès.

Le *Gorgias* a probablement été écrit entre ~390 et ~385, (rappelons que Socrate est mort en ~399), mais la date dramatique, c'est-à-dire le temps présent du dialogue où les personnages se seraient rencontrés, est bien antérieure. Les spécialistes la situent, malgré un haut degré d'incertitude, entre ~427 et ~404. Un écart de près de vingt-cinq ans, c'est à la fois long et court dans l'histoire d'un État, cependant, aussi incertaine que soit la datation de cette rencontre, elle permet de replacer les propos — références aux hommes politiques et à leurs actions, louanges ou blâmes, critique des valeurs et pratiques du temps — dans le contexte où ils eurent ou auraient pu avoir lieu et ainsi, d'en mieux saisir le sens et la portée.

ATHÈNES, TERRE-MÈRE DE LA DÉMOCRATIE

Même ceux qui savent peu de choses sur la Grèce, et sur Athènes en particulier, savent que là est née la démocratie. Celle-ci ne fut pas, peu s'en faut, le fruit d'une génération spontanée — le fameux « miracle grec » —, mais le résultat d'une longue gestation allant des réformes de Dracon, en ~625, à celles de Clisthène en ~507, en passant par les lois promulguées par Solon en ~594.

Dracon institua un premier système de justice publique en lieu et place des vendettas des familles. Il fit reconnaître la distinction juridique entre meurtre prémédité et homicide involontaire, et c'est sous son gouvernement que les lois furent écrites pour la première fois.

L'abolition de l'esclavage pour dettes et l'institution d'un droit d'appel, après une condamnation, devant un tribunal populaire en ~594 furent considérées

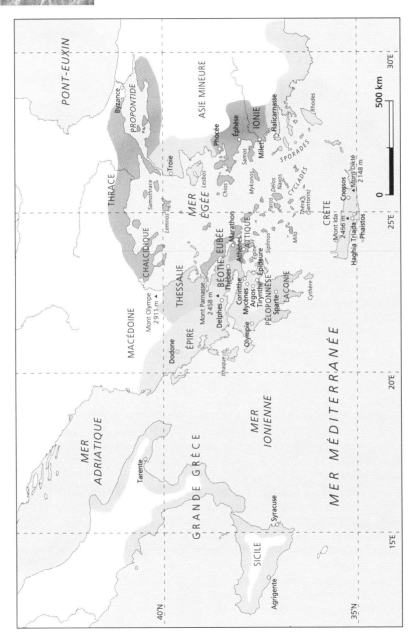

La Grèce antique.

comme deux des plus importantes lois de Solon. Il est également le père des trois institutions qui seront à la base du régime démocratique : l'Assemblée du peuple (εκκλησια « ecclèsia »), le Conseil (βουλη « boulè ») et le Tribunal (ηλιαια « héliée »).

Ce sont les réformes de Clisthène, en ~507, qui marquent l'acte de naissance proprement dit de la démocratie. D'abord, une réforme territoriale : à une organisation politique fondée sur les groupes familiaux, donc sur les liens du sang, ce législateur substitua une organisation fondée sur la répartition géographique. Le territoire fut divisé en dèmes, ce qui correspondrait peu ou prou à nos arrondissements modernes. Afin de donner une certaine solennité à l'interpellation de quelqu'un, on avait coutume de le désigner par son nom suivi de son lieu d'origine ; par exemple, Socrate interpellant « Calliclès, du dème d'Acharnes » (495d). Clisthène transféra la totalité du pouvoir politique à l'Assemblée et porta à cinq cents le nombre des membres du Conseil, qui étaient tirés au sort. De plus, il instaura la règle de l'égalité, qui constituera le principe fondamental de la démocratie : l'égalité devant la loi (ισονομια « isonomia »), l'égalité de parole (ισηγορια « isègoria ») et, surtout, l'égalité de pouvoir (ισοκρατια « isokratia »).

LA PRATIQUE CONCRÈTE DE LA DÉMOCRATIE

Après ce rapide survol des grandes réformes institutionnelles qui ont conduit à l'instauration de la démocratie à Athènes, arrêtons-nous sur quelques aspects concrets de la vie démocratique, très précisément ceux qui ont une incidence sur la compréhension du *Gorgias*.

Une remarque préalable : ce serait commettre un fâcheux anachronisme de juger la démocratie athénienne à l'aune des valeurs et règles de nos démocraties modernes. Notons, en particulier, ce qui est pour nous le plus déroutant, que la notion de peuple d'Athènes n'est pas synonyme de population d'Athènes. Le peuple ne désigne que les seules personnes jouissant des droits politiques (droit de vote et droit d'exercer une magistrature, entre autres), ce qui exclut les femmes, même les femmes libres, les étrangers, appelés aussi *métèques* et, bien sûr, les esclaves. Au ~5e siècle, à l'époque de Périclès, le peuple ainsi entendu représentait environ dix pour cent de la population totale.

Néanmoins, nous assistons, avec les Grecs, à la naissance d'un mode de vivre-ensemble inconnu jusque-là, et ce sont eux qui en ont défini les principes fondateurs, ont vu et analysé les difficultés, les problèmes et les obstacles qui ne pouvaient manquer de surgir. Bref, l'intérêt de la démocratie grecque réside peut-être moins, aujourd'hui, dans l'étude du fonctionnement de ses institutions, que dans la richesse et la profondeur de la réflexion, des débats, des critiques et des louanges qu'elle a provoqués et nourris ; ce sont eux qui ont une forte résonance encore aujourd'hui.

La liberté et l'égalité sont les valeurs phares et les principes fondamentaux de la démocratie. Est libre celui qui n'est l'esclave de personne et qui n'a comme seul maître que la loi ; non pas la loi des dieux, d'un monarque ou d'un despote, mais la loi de la cité. Sont égaux ceux qui ont des droits politiques égaux. Le dernier des grands auteurs tragiques, Euripide*(~480 à ~406), exprime cela avec une fière éloquence dans l'une de ses pièces, *Les suppliantes* (dans Berguin et Duclos 1966 : 283) :

> Avec des lois écrites, le faible et le riche ont des droits égaux. Il est permis aux plus faibles de répondre à l'homme favorisé par la fortune, quand il les insulte. La victoire est au petit sur le grand, quand il a le droit pour lui. La liberté, la voici : « Qui veut pour le bien de la cité, apporter une proposition motivée ? » Alors, qui désire parler se met en lumière ; qui ne le veut pas se tait. Où trouver plus d'égalité entre les citoyens ?

La démocratie grecque est, on le voit, une démocratie directe, c'est-à-dire un régime où tout le pouvoir politique appartient au peuple, où tout citoyen masculin en âge de porter les armes et qui a le devoir de défendre sa patrie a le droit de participer au gouvernement de la cité pour l'ensemble des sujets la concernant. Les cinq cents membres du Conseil chargés de l'administration et les juges du Tribunal (six mille hommes) sont tirés au sort parmi les citoyens de plus de 30 ans selon des modalités assez compliquées et leur mandat est d'une durée d'un an. Seuls les dix stratèges militaires chargés de la conduite de la guerre et les neuf archontes responsables, entre autres, des finances et des activités religieuses sont élus également pour un an. Signalons que Périclès, certainement le plus célèbre des stratèges, a été réélu chaque année pendant quinze ans.

L'Assemblée du peuple doit se réunir au moins quarante fois par an sur la colline de la Pnyx. Le quorum est de six mille citoyens aptes à voter. À cette assemblée participera surtout le petit peuple urbain, ceux qui exercent les métiers dont Socrate ne cessera de parler : cordonniers, forgerons, menuisiers ; les paysans, qui constituent pourtant la grande majorité des citoyens mais qui vivent éloignés du centre de la cité, ne pouvant se permettre de s'absenter aussi souvent de leur travail. Pour résoudre ce problème, Périclès instituera une rémunération — le μισθοζ « misthos », sorte de jeton de présence —

La colline de la Pnyx où se tenaient les réunions de l'Assemblée du peuple.
<http://commons.wikimedia.org/wiki/Image:Pnyx-berg2.png> GNU FDL.

pour les citoyens qui participent aux assemblées ou qui siègent au tribunal. Cette initiative lui fut abondamment reprochée ; on y vit une atteinte à l'honneur de la fonction citoyenne et une incitation à la vénalité et à la corruption. On trouvera des échos de ces critiques dans le *Gorgias*.

Le ~5ᵉ siècle, jusqu'aux environs de ~430, sera l'âge d'or, l'apogée de cette culture politique, initiée quelque cent cinquante ans plus tôt et qui a incontestablement favorisé le développement de ces grandes oeuvres de civilisation qu'ont été le théâtre, l'architecture, la science et, bien sûr, la philosophie. Cette démocratie, qui fait de chaque citoyen un gouvernant, découvrira aussi non seulement l'importance mais la puissance et l'efficacité de la parole. Pour se défendre dans un procès, pour faire valoir son point de vue à l'Assemblée, il faut savoir parler, argumenter, convaincre, séduire aussi. Les grands maîtres de la parole, sophistes et orateurs, arriveront à point nommé pour faire de ce peuple grec « le monde le plus bavard de tous », comme le disait Hannah Arendt.

LA RHÉTORIQUE :
AUXILIAIRE OBLIGÉE DE LA DÉMOCRATIE

Athènes est donc passée d'une société archaïque soumise à un pouvoir royal ou aristocratique ou tyrannique à la démocratie. Un changement aussi radical de régime politique, même s'il s'est fait sur une longue période, ne pouvait pas ne pas entraîner un changement dans l'éducation des citoyens.

L'éducation traditionnelle

Comment se présentait l'éducation dans la société aristocratique grecque ? D'abord, la valeur d'un individu reposait en grande partie sur l'hérédité, sur la naissance, d'où l'expression *être bien né*. Que l'on pense au vers de Corneille dans *Le Cid*, écrit pourtant plusieurs siècles plus tard : « Aux âmes bien nées la valeur n'attend point le nombre des années » (acte II, scène II). Ensuite, la formation de ces gens bien nés reposait sur l'imitation des ancêtres et des parents ainsi que sur le respect des traditions, principales sinon seules sources d'autorité. Enfant, le jeune noble avait trois maîtres : un maître de gymnastique (pédotribe) pour l'entraînement physique ; un maître de musique, pour la danse et le chant en choeur ; un grammatiste, pour l'apprentissage de l'écriture et de la lecture à partir des poètes, tout particulièrement d'Homère*(~9ᵉ ou ~8ᵉ siècle), dont il apprenait à réciter et à recopier de longs passages. Les plus chanceux (!), et aussi les moins nombreux, pouvaient, plus tard, poursuivre leur formation en devenant disciples d'un philosophe, mais il s'agissait là de cercles plutôt restreints et fermés. Les valeurs privilégiées qu'une telle éducation permettait d'acquérir étaient le courage et le mérite physique : force, souplesse, endurance et élégance du corps, d'où l'importance accordée à l'entraînement physique et à l'athlétisme. Que l'on pense à la statuaire grecque qui émerveille encore aujourd'hui par la parfaite beauté des corps qu'elle donne à voir. L'acquisition des valeurs morales et des préceptes du bon comportement social et politique reposait donc, en grande partie, sur l'exercice et l'imitation des plus grands.

Une nouvelle société, de nouvelles exigences

Dans une société où le pouvoir est entre les mains d'un seul ou de quelques-uns et la guerre une activité noble et importante, une telle éducation suffisait pour faire un homme accompli. Dans une société démocratique, elle ne convient plus. Là où le pouvoir est entre les mains d'un roi, celui-ci commande, ordonne, et les sujets obéissent ; là où le peuple tout entier est dépositaire de la souveraineté et a la pleine responsabilité du bon fonctionnement de l'État, les citoyens doivent délibérer, c'est-à-dire être capables d'exposer un point de vue et de le défendre, de peser le pour et le contre des opinions exprimées, d'analyser les arguments, bref, être capables d'exercer leur jugement. Une formation intellectuelle s'impose donc, ainsi qu'une habileté à *bien parler* au sens à la fois esthétique, c'est-à-dire produire un discours qui charme et séduise, et utilitaire, c'est-à-dire un discours qui soit efficace, qui sache persuader un auditoire, l'un n'allant généralement pas sans l'autre. En démocratie directe comme l'était la démocratie athénienne, la conquête et l'exercice du pouvoir dépendaient, pour une grande part, de cette maîtrise de la parole. D'où l'importance qu'acquerront ces nouveaux maîtres, les sophistes, et l'extraordinaire popularité de leur enseignement, de même que la forte réprobation qu'ils susciteront chez certains, dont Platon, nous verrons plus loin pourquoi.

L'origine de l'art oratoire

Qu'étaient donc ces sophistes ou orateurs ? À l'instar de Socrate dans le *Gorgias*, nous confondrons ici les deux vu qu'ils « se confondent pêle-mêle sur le même terrain, autour des mêmes sujets » (465c).

La naissance de la rhétorique, en Sicile dans le premier tiers du ~5ᵉ siècle, est liée à la multiplication des procédures et contestations judiciaires de toutes sortes. Un certain Corax, disciple du philosophe Empédocle*, comme le sera aussi Gorgias, codifia un certain nombre de procédés techniques à l'usage de justiciables engagés dans des procès et qui devaient défendre leur cause. Le but visé était donc essentiellement pratique : la défense de ses intérêts et la persuasion de l'auditoire. Les rudiments de ce qui allait devenir l'art oratoire ou rhétorique que perfectionnera cet autre Sicilien, Gorgias, était dès lors posés. On jugera donc de la valeur d'un discours non à sa véracité mais à son succès. L'orateur habile devra savoir défendre une thèse et son contraire. Protagoras le premier, et sans doute le plus respecté des sophistes, disait que « sur tout sujet, on peut soutenir aussi bien un point de vue que le point de vue inverse, en usant d'un argument égal et cela sur le sujet même de savoir s'il est possible en toute chose d'opposer le pour et le contre » (dans Dumont 1991 : 673).

Autre nouveauté introduite par les sophistes, leur enseignement est public, ouvert à tous, à une condition cependant : il faut être capable de payer. Les sophistes et orateurs seront en effet les premiers intellectuels à être rémunérés pour leur enseignement et certains, comme Gorgias, le furent très grassement. Comme le souligne Jacqueline De Romilly (1988), si la recherche de la vérité à laquelle s'adonnaient les philosophes ne pouvait garantir à ceux qui s'engageaient dans cette voie qu'ils la trouveraient, en revanche, les « marchands de savoir » promettaient réussite et succès à ceux qui recevaient leur enseignement. Il s'agissait donc d'une sorte d'engagement contractuel avant la lettre qui justifiait à leurs yeux une contrepartie monétaire.

Des maîtres de vertu ou d'art oratoire, ou les deux?

Un passage (318e-319a) du dialogue de Platon intitulé *Protagoras* énonce clairement le projet du sophiste du même nom : « L'objet de mon enseignement, c'est le bon conseil touchant les affaires qui le [un jeune homme] concernent proprement : savoir comment administrer au mieux les affaires de sa maison à lui et, pour ce qui est des affaires de l'État, savoir comment y avoir de la puissance, et par l'action et par la parole » (dans Robin 1950). Ce projet était commun à la plupart des sophistes ; Gorgias, pour sa part, prétendait limiter son enseignement à l'art oratoire. Quoi qu'il en soit du but visé, une caractéristique dominante de leur enseignement respectif est que l'efficacité et la réussite l'emportent sur le souci de vérité et de justice.

Il serait sans doute excessif d'affirmer que sophistes et orateurs ont découvert le pouvoir de la parole sur l'âme humaine ; Homère était passé par là. Ce qui revient à Gorgias en particulier est non seulement son émerveillement devant un tel pouvoir mais l'analyse qu'il en a fait en lien avec une connaissance saisissante de la psychologie humaine. Nul mieux que lui, en effet, n'a su montrer la grande plasticité de l'âme humaine et l'extraordinaire pouvoir du discours sur elle, qu'il compare même à celui des drogues et de la magie. Selon Gorgias, « le discours est un tyran puissant ». Qu'est-ce qui donne au discours un tel pouvoir? Les limites de l'esprit humain, répondrait-il, qui n'a pas une mémoire exacte du passé, n'a qu'une connaissance partielle des évènements présents et une méconnaissance des évènements à venir ; c'est cela qui rend l'esprit perméable à l'opinion. Or, l'opinion est incertaine et n'a aucune constance, ceci sans doute à cause de cela, d'où le pouvoir de la persuasion qui « arrive à imprimer dans l'âme tout ce qu'elle désire ». Gorgias compare le pouvoir du discours à celui des drogues, qui peuvent provoquer tantôt la guérison, tantôt la mort : « [...] de même, il y a des discours qui affligent, d'autres qui enhardissent leurs auditeurs et d'autres qui, avec l'aide maligne de Persuasion, mettent l'âme dans la dépendance de leur drogue et de leur magie » (dans Dumont 1991 : 710-713). La parole, n'a-t-elle pas, en effet, selon lui, le pouvoir de « faire cesser la peur, dissiper le chagrin, exciter la joie, accroître la pitié » ?

Ces intellectuels d'un genre nouveau ont vite compris le parti qu'ils pouvaient tirer de leurs savoirs et techniques révolutionnaires et que leur public de choix — on dirait aujourd'hui leur clientèle — se trouvait à Athènes alors à l'apogée de sa puissance et de sa gloire. En effet, qui pouvaient le mieux profiter d'un enseignement qui garantissait la réussite politique, elle-même garante du prestige et de la fortune, si ce ne sont ces hommes audacieux et ambitieux, citoyens d'un État où, dira Périclès : « Nous sommes en effet les seuls à penser qu'un homme ne se mêlant pas de politique mérite de passer, non pour un citoyen paisible, mais pour un citoyen inutile » (dans Roussel 2000 : 155). Les sophistes (et orateurs) firent donc florès à Athènes à partir de la deuxième moitié du ~5ᵉ siècle sous le règne de Périclès, qui consolida les institutions démocratiques.

L'exercice formellement réglé de la joute oratoire que tous pratiquaient et enseignaient fut vite contagieux et entraîna de lourdes conséquences. L'art de raisonner, le goût, voire le plaisir du libre examen par chacun d'opinions diverses, la libre confrontation de thèses opposées ne tardèrent pas à s'étendre à ce qui était apparu jusque-là comme des valeurs intouchables, fondement de l'ordre social et politique : les dieux, l'autorité de la tradition, le caractère transcendant de la justice et de la loi furent soumis au pouvoir décapant de l'esprit critique et de l'éloquence. Par exemple, l'opposition de la nature à la loi, l'idée que la loi de la cité est pure convention et n'a d'autre origine que la décision humaine, ce qui remettait en cause les fondements mêmes de la politique, était un sujet de débat très en vogue au ~5ᵉ siècle et ce n'est pas par hasard que Platon y fait largement écho dans *Gorgias*. Or, ce débat, tout théorique au départ, ne pouvait manquer de conduire à des prises de position pratiques inquiétantes comme la primauté du droit du plus fort dont Calliclès se fait le tonitruant défenseur. Bref, ce qui, comme le souligne Jacqueline de Romilly (1988 : 185), se présentait comme « un instrument intellectuel servant à l'analyse théorique, se transforma en arme de l'immoralisme et en règle de vie » entre les mains d'hommes sans scrupules, cyniques et ambitieux que plus rien n'entravait dans leur poursuite du pouvoir et de la fortune : « […] les thèses des sophistes ont été aggravées, puis déformées par les Athéniens d'alors, que la guerre et ses épreuves invitaient à se saisir de ces idées nouvelles qui leur étaient offertes, pour y trouver des armes et des alibis » (De Romilly 1988 : 185).

On comprendra mieux, dès lors, la critique implacable que Platon ne cessera d'opposer à cet illusoire « art de parler » et aux doctrines et valeurs dont il sera le mode privilégié de transmission.

LES THÈMES DU *GORGIAS*

C'est la diversité des thèmes traités dans le *Gorgias* qui frappe à la lecture ; on peut avoir l'impression qu'en passant d'un interlocuteur à un autre, voire en suivant la progression de l'un ou l'autre des entretiens, on change de sujet. De la recherche d'une définition de la rhétorique, on passe à un questionnement sur le savoir et la croyance, puis sur le juste et l'injuste, sur le pouvoir et autres thèmes tels le désir et le plaisir, l'agréable et le bien, l'utilité de la punition, l'opposition entre Nature et Loi, les principes de l'action politique digne de ce nom, les genres de vie et leur rapport avec le bonheur.

Une question revient toutefois dans le *Gorgias* et est explicitement formulée à trois reprises au moins (en 488a, en 500c et en 512e) : quel genre de vie faut-il choisir et dans quel genre d'activités doit-on s'engager ? C'est donc dire que cet entretien est traversé de part en part par la réflexion morale, qui est, pour Platon, indissociable de la réflexion sur la politique, plus concrètement sur le gouvernement de la cité. Pourtant, à y regarder de plus près, on comprend que le véritable sujet est bel et bien la rhétorique, en quoi elle consiste, en quels présupposés intellectuels et moraux elle s'enracine et, enfin, à quelles conséquences elle conduit pour l'individu et pour la société ; le *Gorgias* porte d'ailleurs en sous-titre « Sur la rhétorique ». On constatera rapidement qu'il y a bien là une critique de la rhétorique et de ceux qui la pratiquent mais que cette critique est solidaire d'un engagement philosophique, moral et politique.

UNE CRITIQUE DE LA RHÉTORIQUE

Quelles sont les critiques que Platon formule à l'endroit de la rhétorique ? Il met en cause principalement sa prétention à l'universalité, sa pratique de la flatterie et son utilisation de la démonstration plutôt que la discussion.

Un art à prétention universelle

D'abord, Platon récuse la prétention de la rhétorique à l'universalité, c'est-à-dire à pouvoir parler de tout, à produire la persuasion quel que soit le sujet par une argumentation fondée sur le probable et la vraisemblance. Cette prétention repose sur des présupposés philosophiques qui furent les thèmes les plus puissants de la révolution sophistique et contre lesquels Platon ne cessera de ferrailler. Parmi ces thèmes, celui qu'au-delà de l'universelle mobilité des apparences du monde sensible, il n'y a rien. Par conséquent, tout discours sur l'être (qu'on appelle *ontologie*) et toute recherche de *ce qui est*, d'un référentiel stable et permanent auquel rapporter les apparences et qui soit l'objet d'une connaissance vraie, c'est-à-dire d'une science véritable, sont à la fois impossibles et vains. S'il n'y a pas d'arrière-monde, pas de valeurs absolues transcendantes, s'il n'y a que la diversité et la variabilité des sensations, le langage ne renvoie plus à rien d'autre qu'à lui-même, le discours est vide et la seule source du sens sera la convention, c'est-à-dire l'accord des hommes entre eux dans le cadre de la cité. Le réel se confond avec l'artifice. La justice, par exemple, ou toute autre vertu, ne sera rien de plus que ce que les hommes réunis en société s'entendront pour désigner ainsi. Autrement dit, sur la justice, comme sur toute autre valeur ou sujet important, il n'y a que des opinions, des points de vue en compétition les uns avec les autres en fonction des intérêts de chacun, pris individuellement ou en groupes. On comprend, dès lors, que le maître de l'art oratoire qui veut agir par la parole sur un auditoire devra d'abord et avant tout connaître son public, avoir le sens de l'à-propos et savoir saisir l'occasion. Il devra « dire comme tout le monde pour être entendu et dire mieux pour être admiré » (Dixsaut 1985 : 94). C'est la porte ouverte à la manipulation et à la démagogie.

Puisqu'il n'y a aucun savoir particulier à posséder — le savoir entendu au sens de connaissance vraie ayant d'office perdu toute validité — le pouvoir de la rhétorique se prétendra donc universel, et l'orateur le professionnel polyvalent par excellence. Si universalité il y a, c'est l'universalité du vide.

Une pratique flatteuse productrice d'illusion

On comprend alors mieux une autre critique que Platon adresse à la rhétorique ; celle-ci n'est que flatterie, illusion, contrefaçon. Elle n'est soumise à aucune norme, aucune mesure extérieure à la différence des arts véritables ; celui qui la pratique agit au hasard, au gré de la nature et des intérêts de l'auditoire (et de son avantage personnel, le cas échéant). Cela fera dire à Socrate, à la stupéfaction de ses interlocuteurs, que la rhétorique est une activité servile et l'orateur, un esclave car, paradoxalement, il doit être à la remorque des passions et des désirs de son public s'il veut exercer sur lui son pouvoir, c'est-à-dire le persuader de ceci ou de cela. Flatterie donc, au service de la part irrationnelle dans l'homme. On ne s'étonnera donc pas que Socrate reproche aux orateurs en général de n'avoir aucun souci du bien de ceux auxquels ils s'adressent, et à Gorgias en particulier d'ignorer ce dont il parle quand il parle de justice, malgré que celui-ci, mû par la gêne, ait été amené à affirmer le contraire.

Le recours à la démonstration plutôt qu'à la discussion

Une autre critique concerne la manière de procéder, ce que l'on pourrait appeler la *méthode discursive de la rhétorique*. Celle-ci est, en effet, aux antipodes de la méthode dialectique fondée sur le dialogue. La pratique de la rhétorique prend place dans un champ de forces où l'effet à produire est la séduction, donc le plaisir, et le but visé la domination et la victoire. Le comportement de Calliclès en fournit une éloquente illustration : quand il se sait vaincu par la dialectique socratique, il se retire de la discussion et se tait, sommant Socrate de continuer tout seul, ce qui, au demeurant, n'est guère courtois… Tout sujet, toute question est, pour l'orateur, occasion d'une démonstration ou d'un discours à voix unique. Comme le dit fort bien Dixsaut (1985 : 101) : « L'orateur parle *devant* l'ignorant, jamais *avec* lui » ; son succès même dépend en partie de l'ignorance et de la passivité de ce dernier. L'interlocuteur, si interlocuteur il y a, est un adversaire et non un ami. Tout à l'opposé, la discussion dialectique suppose une sorte d'amitié entre les interlocuteurs, c'est-à-dire un désir partagé d'approcher la vérité grâce à un examen patient et sans complaisance par chacune de ses affirmations et de celles de l'autre. On verra Socrate rappeler à plusieurs reprises cette exigence de bienveillance et de franchise réciproques pour que la recherche progresse.

DE LA CRITIQUE DE LA RHÉTORIQUE
À CELLE DE LA POLITIQUE

La critique platonicienne de la rhétorique est indissociable, nous l'avons dit, d'une critique de la politique. Rappelons que Platon a été le témoin de la plus grave crise qu'ait traversée Athènes et qu'il fait se tenir la rencontre des interlocuteurs du *Gorgias* en pleine période de tourmente. Bien entendu, Platon n'attribue pas tous les malheurs de la cité au seul rôle qu'y auraient joué sophistes et orateurs. Il cherche plutôt à montrer que la démocratie athénienne, dont la multitude, sous la figure de l'Assemblée, est l'instance constituante au premier chef, fait de ce régime le terreau idéal où peuvent fleurir le mensonge, les faux-semblants et l'illusion en raison de l'ignorance et de l'incompétence de la foule qui doit décider, au suffrage universel, de ce qui est bon et de ce qui est nuisible pour la cité.

De même, la critique sévère, et probablement scandaleuse pour ses contemporains, des hommes politiques considérés par presque tous comme parmi les plus grands — les Thémistocle, Périclès et autres — qu'il fait prononcer par Socrate n'est pas sans lien non plus avec sa critique de la rhétorique. Platon considère en effet que, si ces hommes ont mené une politique de prestige et de grandeur avec toutes sortes de réalisations qui en sont la manifestation, c'est encore par souci de faire plaisir, de répondre à la soif de puissance et de gloire des citoyens et cela, sans le seul souci qui soit légitime : celui du bien véritable de la cité. Ce que ces hommes politiques n'ont pas compris, tout tournés qu'ils étaient vers la satisfaction des désirs de la foule, c'est que ces désirs sont insatiables et que la logique du toujours-plus de puissance et de gloire conduit à la catastrophe.

UN SEUL REMÈDE :
L'ENGAGEMENT PHILOSOPHIQUE

Il ne faut surtout pas prendre comme une boutade l'affirmation de Socrate selon laquelle il est le seul à se préoccuper vraiment de la politique (521d). Pour Socrate, il n'y a qu'une question qui mérite qu'on y consacre sa vie : comment améliorer son âme, comment instaurer en soi l'ordre et l'harmonie qui ne sont que l'autre nom de la justice ? Il s'ensuit que la principale préoccupation de l'homme d'État digne de ce nom devra être de contribuer à rendre meilleurs ses concitoyens. Justice dans l'âme et justice dans la cité sont comme le miroir l'une de l'autre. Dans les deux registres, celui de l'âme individuelle et celui de la cité, la recherche rationnelle du bien doit donc l'emporter sur la poursuite de l'agréable et la satisfaction des désirs ; c'est à cette seule condition que le bonheur est possible.

La prison de Socrate.
© 2006, Jupiter Images et ses représentants.

Plus on avancera dans la lecture du *Gorgias*, plus on constatera qu'on est devant ce que l'on pourrait qualifier de dialogue de sourds entre Socrate, d'une part, et ses trois interlocuteurs, d'autre part. On trouverait une situation analogue dans l'*Apologie de Socrate*, qui met en présence Socrate et ses juges et dont l'issue, on le sait, est sa condamnation à mort. On est confronté à deux conceptions de la vie irréconciliables ce qui fait que, dans le *Gorgias*, des notions telles que le désir, le pouvoir, le bonheur et, bien sûr, la justice n'ont pas du tout le même sens pour les tenants de l'une et de l'autre conception. Il y a là bien plus que deux manières différentes de voir les choses mais, plus radicalement, deux manières de conduire sa vie, le choix de l'une ou l'autre n'étant ni innocent ni sans conséquence. Le *Gorgias* se termine par une exhortation à l'engagement dans la vie philosophique, ce qui veut dire, ni plus ni moins qu'un engagement à une pratique de la pensée qui soit libre, exigeante, courageuse et généreuse ainsi qu'à une conduite en accord avec cette pensée, envers et contre tout. Chacun comprendra que cette exhortation ne s'adresse pas qu'à Calliclès.

RÉSONANCE ACTUELLE DU *GORGIAS*

Trois professeurs de philosophie au collégial, Jean-Claude Brès, Dario de Facendis et Louis Simard, s'entretiennent avec l'auteure, Céline Garneau, de l'intérêt et de l'utilité de lire aujourd'hui le *Gorgias* de Platon.

C.: Vous qui avez enseigné le *Gorgias*, si vous aviez à retenir une raison qui justifierait de lire cette oeuvre aujourd'hui, laquelle privilégieriez-vous?

L.: Pour moi, cette raison se formulerait sous la forme de la question suivante: « Existe-t-il une telle chose que le bien commun, l'intérêt public? » Cette question est posée dans le *Gorgias* et, ce qui m'intéresse, c'est qu'elle n'est pas tranchée. L'impuissance de Socrate à convaincre Calliclès d'une telle chose est bien l'indice d'un désaccord fondamental, voire irréductible à ce sujet et encore présent aujourd'hui. Existe-t-il, donc, une telle chose qu'on appelle le *bien commun* qui ne serait pas la somme des intérêts particuliers ou la résultante de leur interaction mais qui les transcenderait et qui devrait être dans la mire de l'homme politique, du législateur? Il semble que, pour Calliclès et aussi Polos, il n'existerait que des intérêts particuliers, et l'existence, voire la stabilité de la société résulteraient de leur cohabitation et du fait que certains réussissent à s'imposer et à dominer les autres. Je dirais que cette question éminemment significative au moment où Platon situe le dialogue, soit à une époque de décadence de la démocratie athénienne qui a vu surgir toutes sortes d'opportunismes, est encore actuelle sans, bien sûr, se poser exactement dans les mêmes termes. Par exemple aujourd'hui, je parlerais de dysfonctionnement plutôt que de décadence de la société démocratique, et l'un des aspects de ce dysfonctionnement est la désaffection, le désintérêt et finalement le cynisme d'une partie de la population à l'endroit de la chose publique. Mais en même temps, sous ce cynisme, on croit entendre une question qui est bien celle de Socrate: « Une autre politique est-elle possible? » Regardons dans quoi s'engagent particulièrement les jeunes les plus mobilisés; ce sont les problèmes liés à l'écologie, à l'altermondialisation qui les retiennent, ce qui traduit bien une préoccupation pour le bien commun. Or, ce nouvel agir politique s'insère mal ou difficilement dans les institutions en place. On voit mal comment articuler les enjeux moraux et politiques. Cette question de l'intérêt public versus la somme des intérêts particuliers est posée dans le *Gorgias* dans toute sa radicalité et en toute simplicité.

D. : Je trouve intéressant ce que dit Louis ; la seule nuance que j'apporterais, — mais s'agit-il vraiment d'une nuance ? — est qu'il m'apparaît impossible de faire la distinction entre domaines privé et public dans le *Gorgias*. Quand on regarde l'idée de la politique selon Socrate, on voit que celui-ci va constamment court-circuiter cette distinction entre domaine privé et domaine public dans le sens où, quand on fait de la vraie politique, on s'occupe de l'âme, or il n'y a rien de plus subjectif, de plus privé que l'âme ; mais s'occuper de l'âme, c'est poser la question de la justice, or la justice relève du domaine public. C'est l'interconnexion de ces deux choses qui est perdue et c'est contre cette perte que Socrate se bat.

Cela dit, je suis tout à fait d'accord que, dans le *Gorgias*, peut-être plus que dans tous les autres dialogues platoniciens, apparaît quelque chose de la nature même de la philosophie, à savoir que les questions philosophiques ne sont jamais résolues une fois pour toutes mais qu'elles sont toujours réinscrites dans la réalité que les hommes affrontent selon les hasards de leur naissance et de leur époque. Or, la question qui nous occupe, celle de l'objet de la politique, pourrait se poser de la même façon aujourd'hui, non parce qu'on serait dans une situation pire ou aussi pire que celle de la Grèce ancienne, mais parce que, en tant qu'êtres éthiques, nous sommes toujours placés devant la responsabilité de nos actes et que cette responsabilité se donne chaque fois d'une façon extrêmement particulière selon la particularité de notre expérience. Ce qui est intéressant dans le *Gorgias*, et cela serait une raison suffisante de le lire, c'est de voir comment la philosophie n'est pas une réponse définitive à des questions mais la capacité de poser à nouveau certaines questions fondamentales selon la réalité que nous vivons.

J.-C. : Je voudrais seulement ajouter ceci : ce qui me paraît intéressant dans le *Gorgias*, c'est précisément le lien qui y est posé entre morale et politique et la question du fondement même de ce lien. Considérant qu'il y a bien une différence entre subir et commettre l'injustice, on pourrait néanmoins estimer que ces deux choses sont équivalentes car, dans les deux cas, le malheur n'est pas loin et la souffrance est possible. Socrate le dit bien : ni l'une ni l'autre ne sont souhaitables. Or, poser le fait de subir comme préférable, n'est-ce pas renoncer à la culture du guerrier barbare, à la vengeance, au réflexe de protection ? La morale, à mon avis, se fonde précisément sur le consentement à cette renonciation par laquelle nous gagnons en dignité. La raison déterminera alors une série de préceptes ou de précautions — disons de lois — qui nous feront éviter de commettre l'injustice. Peut-on parler d'une origine morale du politique ? Je crois que oui et que cela est encore vrai aujourd'hui même si on a une fâcheuse tendance à l'occulter.

C. : J'aimerais vous entendre sur un autre sujet, celui de la permanence de la rhétorique dans notre société. Quel sens y a-t-il aujourd'hui à réfléchir au pouvoir de la rhétorique, à cette technique du bien-parler qui comporte ses règles, ses contraintes, et qui n'a donc rien d'une forme d'expression spontanée ? Pratique-t-on encore la rhétorique aujourd'hui ? A-t-elle conservé ou perdu sa puissance ?

L. : Une scène du Gorgias m'était apparue loufoque la première fois que je l'avais lue. Je me disais : « Platon, là vraiment, tu en mets trop. » Il s'agit de la scène où Gorgias, pour illustrer le pouvoir de son art, explique que, devant une foule ayant à choisir entre lui, qui ne connaît rien à la médecine mais dispose d'une technique de la parole, et un médecin véritable, c'est lui Gorgias qu'on choisirait d'aller voir pour se faire soigner. Je me disais : « Quand même, les gens ne sont pas influençables à ce point. » Mais lorsque, aujourd'hui, on considère par exemple les promoteurs de régimes miracles qui ne connaissent rien de la nature et des effets de ce qu'ils vantent et vendent ; quand on constate la faveur dont ils jouissent auprès d'une partie non négligeable de la population, n'est-on pas dans une situation analogue à celle que décrivait Gorgias ? Nos firmes de publicité et nos fabricants d'images ne sont-ils pas les rhéteurs de notre temps ? Ces gens-là utilisent vraiment une technique, un savoir-faire, et cherchent avant tout à séduire des citoyens plus ou moins réduits au statut de consommateurs.

Un autre aspect m'interpelle également, c'est cette puissance extraordinaire qu'est la parole, cette capacité de former des mots, des phrases, de les mesurer, de les mimer même en modulant les intonations. Est-ce un pouvoir qui se perd ? Je crois que oui, en partie. Il n'y a plus de grands concours d'art oratoire, les grands orateurs sont devenus rares. Cet instrument qu'est la rhétorique peut, comme le dit Socrate, devenir un art quand il est soumis à une finalité bonne, à un agir qui veut le bien, car la parole peut être structurée, travaillée, polie pour être persuasive et efficace. Je dirais donc qu'en même temps que nous sommes devant des rhéteurs irresponsables, on doit prendre conscience qu'il y a là un grand pouvoir qu'il nous revient de bien utiliser.

D. : Ce que Louis vient de dire est vrai : cette distinction entre bonne et mauvaise rhétorique est présente chez Platon.

C. : Sans doute, mais, dans le Gorgias, elle est plutôt suggérée que développée.

D. : Elle réapparaît quand même régulièrement. Selon moi, la bonne rhétorique est celle qui doit pénétrer tout discours de vérité dans le sens où celui qui parle est sincèrement convaincu de la justesse de ce qu'il dit. Or, étant donné que chercher à persuader, à proposer quelque chose qui est pour soi important, cela se fait par des mots, la bonne rhétorique doit être capable d'utiliser la même technique que la mauvaise, car qu'est-ce au juste que la rhétorique ? C'est la capacité d'utiliser les bons mots pour faire surgir dans l'âme de celui qui les entend les sentiments et les émotions qui correspondent à ces mots-là. Alors, dans la mesure où celui qui parle est sincère pour essayer d'établir un dialogue qui aurait comme objet la vérité, c'est de la bonne rhétorique et on ne peut pas s'en priver. Mais quand elle est utilisée de façon cynique, pour faire en sorte que le sujet, l'auditeur qui agit croit agir selon son propre désir alors qu'il agit en réalité selon le désir de celui qui a utilisé la rhétorique pour le convaincre, c'est là un mauvais usage de la rhétorique, terrifiant même. Car en fait, qu'est-ce qui est mauvais dans la rhétorique ? C'est la position intérieure subjective de celui qui l'utilise pour des fins cachées que l'auditeur ne connaît pas mais qu'on va lui imposer d'une façon détournée ; en revanche, quand elle est utilisée sincèrement, il n'y a pas de distance entre le but qui est poursuivi par celui qui cherche à convaincre et l'utilisation qu'il fait de la rhétorique.

C. : Dans *Gorgias*, on a plutôt une critique radicale de la rhétorique, c'est son aspect ravageur qui est mis en cause : elle est une flatterie, un mensonge, un instrument mis au service du pouvoir et de la domination. Et cela se comprend car, aujourd'hui comme au temps de Platon, dans des situations de crise et de tensions sociales alors qu'on ne voit plus très bien où on s'en va, ce que serait une politique juste, une conduite juste, c'est le terreau idéal pour toutes les formes imaginables de démagogie et de ce que tu appelles, avec raison, un mauvais usage de la rhétorique.

D. : Ce qu'il faut bien voir ici, c'est l'union étroite entre la parole rhétorique et l'âme de celui qui est convaincu par elle. Cela ne se fait pas par la réflexion ; si c'était le cas, la rhétorique perdrait toute sa puissance. Le rhéteur fait appel au désir d'un sujet pris non comme individu isolé mais comme membre d'une communauté humaine et partageant donc avec elle un désir commun. Or, ce désir commun autour duquel se structure la communauté est un désir de puissance, de plus d'être. C'est pour cela que, dans le *Gorgias* comme ailleurs dans l'oeuvre de Platon, on nous dit bien que la chose à laquelle les rhéteurs doivent faire très attention, c'est de ne pas aller contre les sentiments de la foule. Il faut la flatter. C'est pour cela aussi que, pensant avoir tous les pouvoirs sur leurs auditeurs, ils ont en réalité un pouvoir bien limité puisqu'ils doivent se soumettre à la foule et à son désir commun.

C. : Je ne voudrais pas terminer cet entretien sans vous entendre sur un autre aspect du *Gorgias* qui me paraît incontournable, celui de sa dimension tragique. Je ne peux m'empêcher de penser que je suis devant une deuxième *Apologie de Socrate*, ou devant quelque chose comme son prolongement en plus intense, plus tragique. À quelques reprises Calliclès dit à Socrate que s'il se trouvait devant un tribunal, il ne saurait pas se défendre ; Socrate lui-même reconnaît que même des enfants le condamneraient. N'y a-t-il pas là, de la part de Platon, une affirmation qui est terrifiante pour la philosophie ? Dans la société telle qu'elle est, il n'y aurait pas de place pour la philosophie telle que Socrate la pratique et la politique telle qu'il la conçoit ? Nous recommandons la lecture d'une oeuvre philosophique où non seulement la philosophie est mise en échec mais où elle est perdante, et celui qui l'incarne et la défend est annoncé comme allant inéluctablement être accusé, voire tué et incapable de se défendre. Qu'en pensez-vous ?

D. : C'est sûr qu'il y a ce côté tragique dans le *Gorgias*. Or, celui-ci ne doit pas être vu dans un sens réducteur de la tragédie, c'est-à-dire qu'il serait arrivé quelque chose de malheureux à Socrate qu'on pourrait pleurer pour l'éternité.

Non, la tragédie c'est la mise en lumière d'une structure catastrophique du monde qui frappe dans sa totalité. Si on n'a pas cette dimension, on a des malheurs ponctuels qui peuvent nous rendre tristissimes mais qui préservent néanmoins la possibilité que la totalité se présente comme un bien. Dans la tragédie, c'est la totalité elle-même qui est dans un lieu du malheur. Pour Platon, la véritable tragédie s'est jouée dans le procès de Socrate et cela nous concerne encore aujourd'hui.

L. : Si on prend cette question de la dimension tragique sous un autre aspect, on peut se demander ce que cela veut dire que la politique, au sens socratique, est impossible dans les institutions actuelles, car la véritable politique, nous dit Socrate consiste à rendre les hommes meilleurs. Or cela est étranger à la philosophie moderne ; si on prend Machiavel ou Hobbes, par exemple, la politique n'a pas pour but de rendre les hommes meilleurs mais d'empêcher qu'ils s'entretuent. Ne pourrait-on, pour tenter de sortir de cette impasse, explorer une autre piste à savoir que la véritable politique, celle qui serait fondée sur la vérité, serait un acte d'éducation, un acte pédagogique ? Quand on éduque, on ne fait pas ce que l'élève veut, on agit pour ce qu'on croit sincèrement être son bien. Ce serait aussi le rôle de l'homme politique ?

D. : Moi, je ne vois pas qu'il y ait chez Socrate l'idée de quelqu'un qui, étant en charge du bien public, devrait par son action produire des hommes meilleurs. Ça, c'est Platon et son idée de philosophe-roi. Que fait, que veut dire Socrate quand il dit : « Moi, je n'ai jamais fait de politique au sens où vous l'entendez, mais je suis le seul à en faire » ? Il signifie que l'objet visé par le dialogue qu'il avait avec ses concitoyens c'est l'âme en tant qu'objet éminemment politique. Travailler à rendre les hommes meilleurs ne consiste donc pas, pour Socrate, à proposer une vérité qui rendra meilleur celui qui la reçoit mais à l'inviter à remettre à chaque moment ses propres choix en question, à soumettre constamment à l'examen ses propres responsabilités individuelles et collectives. On peut alors comprendre que la véritable politique au sens de Socrate place celui qui s'y engage dans une position assumée d'impuissance ; il se met toujours, comme le dit Calliclès, dans la situation qui fait de lui l'éventuelle victime de quiconque voudra le tuer, que l'on songe à Martin Luther King, à Gandhi. Mais cette impuissance-là n'est pas passive, ces deux héros de notre temps le montrent bien.

L. : C'est une impuissance active bien utile à la vie en commun.

C. : Socrate serait donc encore pour nous cette petite voix qui dit *non* et qui, d'une certaine manière donne son sens au vivre-ensemble car, cette âme, ce moi dont il faut avoir le souci, il n'est pas seul dans une bulle, il est constamment avec le moi de l'autre, il vit avec les autres.

J.-C. : Est-ce que cela ne rejoindrait pas la façon dont Merleau-Ponty ouvre la question de la philosophie avec l'image de Socrate comme le philosophe boiteux :

il est là et il n'est pas là, sinon, on est dans une impasse? Le discours de justice se tiendrait en dehors du politique et le discours de puissance serait réservé au politique. Si on va du côté de la puissance, on n'aura jamais la morale et si on va du côté de la morale, on sera tout à fait en dehors de la réalité telle qu'elle est.

D.: C'est précisément cette claudication qui permet à Socrate d'occuper cette position efficace qu'est l'ironie, laquelle tient de l'écart qui est maintenu entre là où on est et une place supposée où on devrait être. Cela dit, je suis convaincu que si, aujourd'hui, on parle encore de Socrate, de Platon, non en tant que spécialistes mais comme personnes concernées par ce qu'ils disent, l'importance de ce discours nous éclate en plein visage. Socrate, qui est le ferment actif de la philosophie platonicienne reste encore dans notre culture comme une entaille, un scandale que nous n'avons jamais pu réparer, et c'est la puissance de ce scandale qui resurgit chaque fois qu'on se pose des questions minimalement sérieuses.

L.: J'ajouterais que, s'adresser à l'âme, à l'intériorité de chacun, comme nous y invite Socrate, cela ne peut que contribuer à rendre les membres d'une communauté plus résistants à la seule loi de la puissance. C'est ainsi que je comprends le *Gorgias*. La véritable politique, indissociable de la philosophie, ne serait-elle pas oeuvre d'éducation? Pour Platon en effet, ce serait par l'éducation que l'on ferait véritablement oeuvre politique plutôt qu'en participant activement aux institutions existantes. Cela dit, comment se pose aujourd'hui la question du rôle du philosophe, et plus largement de l'intellectuel dans la cité en tant que fondamentalement distinct de celui du flatteur? Cette question aussi a l'immense avantage de demeurer ouverte.

C.: J'aimerais, pour conclure cet entretien, proposer l'idée que la modernité du *Gorgias* réside précisément dans sa dimension tragique. Nos sociétés mercantiles et médiatiques ne sont pas en reste d'héritiers de Polos et de Calliclès, c'est-à-dire de gens portés par la volonté de puissance, avides de pouvoir, d'honneurs et de richesses; toujours en marge, l'exhortation socratique à une vie de justice, de pensée, de dialogue ininterrompu de l'âme avec elle-même, bref l'invitation à la philosophie peine encore à se faire entendre.

PISTES DE RÉFLEXION

Voici quelques pistes de réflexion pouvant servir de repères pour la lecture du *Gorgias* ou de sujets d'analyse et de discussion.

1. Après avoir vanté l'omnipotence de l'art oratoire et donc de l'orateur, Gorgias se dédouane de toute responsabilité à l'égard de ses disciples. Ne peut-on voir là une manifestation d'inconséquence de sa part?

2. Au centre du débat qui marque la rupture entre l'art oratoire et la philosophie, se trouve la distinction entre deux types de certitude : la croyance et le savoir. En quoi et comment cette distinction fait-elle véritablement le partage entre art oratoire (rhétorique) et philosophie (dialectique)?

3. La notion de valeur (ce qui vaut le plus), au centre de l'entretien entre Polos et Socrate, sert à marquer l'opposition entre deux conceptions de la justice et de l'éthique. Quel est le contenu de ces deux conceptions et quelles en sont les implications et les conséquences?

4. Il vaut mieux être sanctionné que ne pas l'être quand on a mal agi, soutient Socrate. À quelle(s) condition(s), d'après lui, une sanction peut-elle être vraiment bénéfique pour celui qui en est l'objet?

5. Vertu, désir, bonheur, mesure. Quelles relations les discours de Polos, Calliclès et Socrate nous permettent-ils de construire entre ces notions, tant d'un point de vue théorique que du point de vue de l'action?

6. Selon Socrate, la justice dans l'âme comme dans la cité repose sur un principe d'harmonie dont l'ordre du cosmos est le modèle. Que peut-on retenir aujourd'hui de cette conception complexe d'une constitution parfaite du monde, de la cité et de l'âme?

7. La morale et la loi démocratique sont, aux yeux de Polos et de Calliclès, des inventions d'une majorité de faibles qui veulent ainsi s'imposer aux forts, c'est-à-dire aux meilleurs. Quelle critique feriez-vous des arguments apportés par Polos et Calliclès à l'appui de leur thèse?

8. Peut-on voir dans les discours et les attitudes respectives de Polos et de Calliclès, dans l'opportunisme du premier et le cynisme amoral du second, une conséquence de l'enseignement et de la pratique de la rhétorique?

9. Selon Calliclès, exhorter l'homme à être mesuré, raisonnable, c'est faire violence à sa nature profonde. Selon Socrate, la mesure est la condition d'une vie vertueuse et authentique. S'agit-il là de deux thèses radicalement antagonistes ou y a-t-il entre elles un lieu de réconciliation possible?

10. Platon, ici par la voix de Socrate, affirme un rapport étroit entre la politique et la morale, le critère d'une politique véritable étant l'amélioration de l'âme des citoyens. Quels arguments invoqueriez-vous pour ou contre cette thèse?

11. Peut-on dire que c'est l'affirmation inconditionnelle de l'existence de l'âme qui permet de «choisir» entre deux manières de s'occuper de soi et de soutenir que l'une vaut mieux que l'autre?

12. Le *Gorgias* se termine par le récit d'un mythe, c'est-à-dire par un discours qui est objet de croyance. Cela marque-t-il l'échec de la raison ou, au contraire, cela exprime-t-il une nécessité rationnelle de rapporter la vie à autre chose qu'elle-même?

13. Après avoir lu le *Gorgias*, est-il légitime d'affirmer que Platon attribue ici au mythe final une fonction d'illustration de la raison et non plus seulement une fonction de révélation du sens?

GORGIAS
OU
SUR LA RHÉTORIQUE

L'ouvrage de Monique Canto-Sperber (1993) a été une référence précieuse pour la rédaction des notes.

PROLOGUE

CALLICLÈS : **(447a)** C'est à la guerre et à la bataille, Socrate, qu'il faut, dit le proverbe, prendre part comme vous le faites.

SOCRATE : Est-ce que nous sommes, comme on dit, arrivés après la fête ? Sommes-nous en retard ?

CALLICLÈS : Oui, et après une fête délicieuse, car Gorgias vient de nous faire entendre une foule de belles choses.

SOCRATE : La faute en est, Calliclès, à Chéréphon que voici : il nous a fait perdre notre temps à l'**agora (447b)**.

CHÉRÉPHON : Cela ne fait rien, Socrate, je réparerai le mal. Gorgias est mon ami, et il nous fera la faveur de l'entendre tout de suite, si tu veux ; une autre fois, si tu préfères.

CALLICLÈS : Que dis-tu, Chéréphon ? Socrate désire entendre Gorgias ?

CHÉRÉPHON : C'est juste pour cela que nous sommes venus.

CALLICLÈS : Eh bien, venez chez moi quand vous voudrez. C'est chez moi que Gorgias est descendu. Il vous donnera une **séance**.

SOCRATE : C'est bien aimable à toi, Calliclès. Mais acceptera-t-il de causer avec nous ? **(447c)** Je voudrais

Allusion probable à un proverbe qui moquait la ruse de celui qui arrive après la bataille évitant ainsi tous les risques. Cette expression est encore courante aujourd'hui.

Agora Place publique dans les cités grecques où, entre autres activités publiques, siégeaient l'Assemblée du peuple et les tribunaux.

Séance Conférence, présentation.

Vertu Au sens de capacité, de pouvoir qu'a une chose d'en produire une autre.

Art Renvoie ici à artisan et non à artiste; ensemble des connaissances et des règles propres à une discipline pratique.

savoir de lui quelle est la **vertu** de son **art** et en quoi consiste ce qu'il professe et enseigne. Pour le reste, il pourra, comme tu dis, nous donner une séance en une autre occasion.

CALLICLÈS : Il n'y a rien de tel, Socrate, que de l'interroger lui-même. C'était justement un des points de son exposé, car il invitait tout à l'heure ceux qui étaient présents à lui poser toutes les questions qui leur plaisait et il s'engageait à répondre à toutes.

SOCRATE : C'est parfait. Interroge-le, Chéréphon.

CHÉRÉPHON : Que faut-il lui demander? **(447d)**

SOCRATE : Ce qu'il est.

CHÉRÉPHON : Que veux-tu dire?

SOCRATE : Si, par exemple, il était fabricant de chaussures, il te répondrait évidemment qu'il est cordonnier. Ne saisis-tu pas ce que je dis?

CHÉRÉPHON : Je saisis et je vais l'interroger. Dis-moi, Gorgias, ce que dit Calliclès est-il vrai, que tu t'engages à répondre à toutes les questions qu'on peut te poser?

Les orateurs se vantaient de pouvoir improviser avec éloquence sur n'importe quel sujet qu'un auditeur leur proposait.

GORGIAS : C'est vrai **(448a)**, Chéréphon, et c'est justement à quoi je m'engageais tout à l'heure, et je peux dire que personne encore, depuis bien des années, ne m'a posé une question qui m'ait surpris.

CHÉRÉPHON : Tu n'auras donc pas de peine à répondre, Gorgias.

GORGIAS : Il ne tient qu'à toi, Chéréphon, d'en faire l'essai.

L'astérisque placé à la suite d'un nom renvoie au lexique des dieux et personnages historiques qui se trouve en fin d'ouvrage.

POLOS : Oui, par Zeus*, mais, si tu le veux bien, Chéréphon, fais-en l'essai sur moi, car Gorgias doit être fatigué : il vient de tenir un long discours.

CHÉRÉPHON : Quoi donc! Polos, te flattes-tu de mieux répondre que Gorgias?

POLOS : Qu'importe, si je te fais une réponse **(448b)** satisfaisante?

CHÉRÉPHON : Il n'importe en rien, et, puisque tu le veux, réponds.

POLOS : Questionne.

CHÉRÉPHON : Voici ma question. Si Gorgias s'entendait à l'art que professe son frère Hérodicos, quel nom devrions-nous lui donner? Le même qu'à son frère, n'est-ce pas?

POLOS : Oui.

CHÉRÉPHON : En disant qu'il est médecin, nous parlerions donc correctement?

POLOS : Oui.

CHÉRÉPHON : Et s'il était versé dans l'art d'Aristophon, fils d'Aglaophon, ou de son frère, quel nom devrions-nous lui donner? **(448c)**

POLOS : Celui de peintre évidemment.

CHÉRÉPHON : Mais, en fait, dans quel art est-il versé et quel nom devons-nous lui donner?

POLOS : Chéréphon, il existe dans le monde beaucoup d'arts qu'à force d'expériences, l'expérience a découverts, car l'expérience fait que notre vie est dirigée selon l'art, et l'inexpérience, au gré du hasard. De ces différents arts, les uns choisissent ceux-ci, les autres ceux-là, chacun à sa manière, et les meilleurs choisissent les meilleurs. Gorgias est de ce nombre et l'art qu'il possède est le plus **beau. (448d)**

SOCRATE : Je vois, Gorgias, que Polos est merveilleusement entraîné à discourir ; mais il ne fait pas ce qu'il a promis à Chéréphon.

GORGIAS : Comment cela, Socrate?

SOCRATE : Il me semble qu'il ne répond pas exactement à ce qu'on lui demande.

GORGIAS : Eh bien, questionne-le, toi, si tu veux.

SOCRATE : Non, mais si tu veux bien me répondre toi-même, alors je t'interrogerai, toi, bien plus volontiers. Il est en effet clair pour moi, d'après ce que Polos vient de dire, qu'il s'est plus exercé à ce qu'on appelle la *rhétorique* **(448e)** qu'au **dialogue.**

POLOS : Pourquoi cela, Socrate?

SOCRATE : Parce que, Polos, Chéréphon t'ayant demandé dans quel art Gorgias est versé, tu fais

Le passage qui suit est probablement une parodie que Platon fait du style ampoulé qu'avait l'orateur Polos.

Beau Au sens à la fois esthétique (celui qui cause le plus grand plaisir) et moral (le plus noble et digne de respect).

Rhétorique, dialogue
Socrate suggère déjà ici une distinction, qui deviendra centrale par la suite, entre la rhétorique, exercice où un seul maîtrise la parole, et le dialogue, activité dans laquelle deux personnes s'engagent avec franchise et rigueur.

Éloge Discours visant à faire la louange de quelqu'un ou de quelque chose, ici de l'art de Gorgias.

l'**éloge** de son art, comme si on le critiquait, mais que tu n'as pas répondu en quoi il consistait.

POLOS : N'ai-je pas répondu que c'est le plus beau ?

PREMIER ENTRETIEN : LA DISCUSSION S'ENGAGE ENTRE SOCRATE ET GORGIAS

SOCRATE : Sans doute. Cependant, on ne te demande pas quelle est la qualité de l'art de Gorgias, mais ce qu'il est et quel nom il faut donner à Gorgias. Lorsque Chéréphon t'a proposé des exemples, tu lui as répondu avec justesse **(449a)** et brièveté. Fais de même à présent, et dis-nous quel est l'art de Gorgias et quel nom il faut lui donner à lui-même. Ou plutôt, Gorgias, dis-nous toi-même quel est l'art dont tu es maître et quel nom il faut te donner.

GORGIAS : Mon art est la rhétorique.

SOCRATE : Il faut donc t'appeler *orateur.*

GORGIAS : Et bon orateur, Socrate, si tu veux m'appeler ce que « je me glorifie d'être », pour parler comme Homère*.

SOCRATE : Mais oui, je veux bien.

GORGIAS : Appelle-moi donc ainsi.

SOCRATE : Ne dirons-nous pas que tu es aussi capable **(449b)** de communiquer ton art à d'autres ?

GORGIAS : Oui, je m'en fais fort, et non seulement ici, mais ailleurs aussi.

SOCRATE : Eh bien, consentirais-tu, Gorgias, à poursuivre l'entretien comme nous le faisons à présent, en alternant les questions et les réponses, et à remettre à une autre fois les longs discours que Polos a inaugurés ? Mais ne manque pas à ta promesse et réduis-toi à répondre brièvement à chaque question.

GORGIAS : Il y a des réponses, Socrate, qui exigent de longs développements **(449c)**. Cependant je tâcherai d'y mettre toute la brièveté possible, car c'est encore une chose dont je me flatte, que personne ne saurait dire en moins de mots les mêmes choses que moi.

Le terme grec ῥήτωρ « rhêtor », traduit par « orateur », désigne à la fois celui qui pratique l'art oratoire et celui qui enseigne cette discipline.

Les orateurs allaient de ville en ville pour se faire valoir et dispenser leur enseignement.

SOCRATE : C'est ce qu'il faut ici, Gorgias. Fais montre de ce talent dont tu te vantes, la brièveté. Laisse les longs discours pour une autre occasion.

GORGIAS : C'est ce que je vais faire, et tu conviendras que tu n'as jamais entendu parler plus brièvement.

SOCRATE : Eh bien donc, puisque tu prétends être savant dans l'art de la rhétorique et capable de former des **(449d)** orateurs, dis-moi quel est l'objet particulier de la rhétorique. Par exemple, l'art du tisserand a pour objet la confection des habits, n'est-il pas vrai?

GORGIAS : Oui.

SOCRATE : Et la musique la composition des chants?

GORGIAS : Oui.

SOCRATE : Par Héra*, Gorgias, j'admire tes réponses. Personne ne saurait en faire de plus courtes.

GORGIAS : Je crois en effet, Socrate, que je ne m'en acquitte pas mal.

SOCRATE : C'est juste. Réponds-moi donc de la même façon sur la rhétorique **(449e)**. De quel objet particulier est-elle la science?

GORGIAS : Des **discours**.

SOCRATE : De quels discours, Gorgias? Est-ce de ceux qui indiquent aux malades le régime qu'ils doivent suivre pour se rétablir?

GORGIAS : Non.

SOCRATE : La rhétorique n'a donc pas pour objet tous les discours?

GORGIAS : Assurément non.

SOCRATE : Cependant elle rend capable de **parler**.

GORGIAS : Oui.

SOCRATE : Et par conséquent aussi de penser sur les choses dont elle apprend à parler?

GORGIAS : Cela va de soi.

SOCRATE : Mais la médecine, dont nous parlions tout à l'heure **(450a)**, ne met-elle pas en état de penser et de parler sur les malades?

GORGIAS : Nécessairement.

Discours Désigne à la fois la parole au sens large et la parole au sens d'expression raisonnée de la pensée.

Parler Au sens de parole réfléchie, rationnelle, (distinct de bavarder), et en ce sens indissociable de l'activité de penser.

Les exemples qui suivent indiquent bien que Socrate retient ici le second sens du terme *discours* : expression rationnelle de la pensée.

SOCRATE : Par conséquent la médecine aussi, à ce qu'il paraît, a pour objet les discours.

GORGIAS : Oui.

SOCRATE : Ceux qui concernent les maladies?

GORGIAS : Précisément.

SOCRATE : La gymnastique aussi a pour objet les discours relatifs à la bonne et à la mauvaise disposition des corps?

GORGIAS : Assurément.

SOCRATE : Et il en est de même, Gorgias, des autres arts : chacun d'eux a pour objet **(450b)** les discours relatifs à la chose sur laquelle il s'exerce.

GORGIAS : Évidemment.

SOCRATE : Pourquoi donc n'appliques-tu pas le nom de *rhétorique* aux autres arts qui ont aussi pour objet les discours, puisque tu appelles *rhétorique* l'art qui se rapporte aux discours?

GORGIAS : C'est que, Socrate, dans les autres arts, c'est à des travaux manuels et à des actes du même genre que se rapportent presque toutes les connaissances de ceux qui les exercent, tandis que la rhétorique ne comporte aucun travail des mains et que tous ses actes et tous ses effets sont produits par des discours. **(450c)** Voilà pourquoi je prétends que la rhétorique a pour objet les discours, et je soutiens que ma définition est exacte.

SOCRATE : Je me demande si je comprends bien ce que tu entends par ce mot de *rhétorique*. Je le verrai plus clairement tout à l'heure. Réponds-moi : il existe des arts, n'est-ce pas?

GORGIAS : Oui.

SOCRATE : Parmi tous ces arts, les uns, je crois, s'occupent surtout de la confection des objets et n'ont guère besoin du discours, quelques-uns même n'en ont que faire. Ils pourraient même accomplir leur besogne en silence, comme il arrive pour la peinture, la sculpture et bien d'autres. **(450d)** Ce sont ceux-là, je suppose, que tu prétends n'avoir aucun rapport avec la rhétorique. N'est-ce pas vrai?

GORGIAS : Tu saisis fort bien ma pensée, Socrate.

SOCRATE : Mais il en est d'autres qui n'exécutent rien que par la parole et qui n'ont, pour ainsi dire, besoin d'aucune action ou n'en exigent que très peu, comme l'arithmétique, le calcul, la géométrie, le **trictrac** et beaucoup d'autres, dont quelques-uns demandent autant de paroles que d'actions, mais la plupart davantage, si bien que les discours sont absolument leurs seuls moyens d'agir et de produire **(450e)**. C'est parmi ces derniers, il me semble, que tu ranges la rhétorique ?

GORGIAS : C'est exact.

SOCRATE : Je ne pense pas néanmoins que tu veuilles donner le nom de *rhétorique* à aucun d'eux, bien qu'à s'en tenir à tes paroles, tu aies affirmé que l'art dont toute la force est dans la parole est la rhétorique et qu'on puisse te répondre, si on voulait jouer sur les mots : « Alors c'est l'arithmétique, Gorgias, que tu appelles *rhétorique* ? » Mais je ne pense pas que tu appelles *rhétorique* ni l'arithmétique, ni la géométrie ? **(451a)**

GORGIAS : Tu ne te trompes pas, Socrate, et tu as raison de penser ainsi.

SOCRATE : Allons maintenant, c'est à toi d'achever la réponse à ma question. Puisque la rhétorique est un de ces arts qui relèvent surtout du discours et qu'il y en a d'autres dans le même cas, tâche d'expliquer à quoi se rapporte cette rhétorique qui agit par la parole. Si, par exemple, on me demandait à propos d'un quelconque de ces arts que je viens de nommer : « Qu'est-ce que l'**arithmétique**, Socrate ? », je répondrais, **(451b)** comme tu l'as fait tout à l'heure, que c'est un des arts qui s'exercent par la parole. Et si on me demandait en outre : « Par rapport à quoi ? », je répondrais : « Par rapport au pair et à l'impair et aux chiffres où l'un et l'autre peut monter. » Pareillement, si on me demandait : « À quel art donnes-tu le nom de calcul ? », je répondrais que le calcul aussi est un des arts qui s'exercent uniquement par la parole, et, si on me

Trictrac Sorte de jeu de dés dans lequel le calcul semblait jouer un rôle important.

Arithmétique Les Grecs distinguaient l'arithmétique, théorie des nombres, de la logistique, art du calcul.

Assemblée du peuple
Instance souveraine de la cité et, à ce titre, l'institution la plus importante. Elle était composée de l'ensemble des citoyens aptes à voter, c'est-à-dire de sexe masculin et âgés de 18 ans et plus. Tous avaient un droit égal de participer aux débats et de voter.

La réponse de Gorgias est à rapprocher de celle de Polos en 448c : les deux qualifient la rhétorique au lieu de dire ce qu'elle est (Polos), sur quoi elle porte (Gorgias).

Biens Désigne tout ce qui est désirable.

Pédotribe Le pédotribe, ou maître de gymnase, enseignait les exercices et l'hygiène à suivre pour fortifier le corps.

demandait en outre : « Par rapport à quoi ? », je répondrais comme les rédacteurs des décrets dans l'**Assemblée du peuple** : « Pour tout le reste » **(451c)**, le calcul est comme l'arithmétique, puisqu'il a rapport aux mêmes choses, le pair et l'impair ; mais le calcul en diffère en un point, c'est qu'il considère les valeurs numériques du pair et de l'impair, non seulement en elles-mêmes, mais encore dans leurs relations l'une avec l'autre. Et si on m'interrogeait sur l'astronomie, je dirais qu'elle aussi réalise son objet uniquement par la parole, et si on ajoutait : « Mais ces discours de l'astronomie, Socrate, à quoi se rapportent-ils ? », je répondrais qu'ils se rapportent au cours des astres, du soleil et de la lune et à leurs vitesses relatives.

GORGIAS : Et ce serait bien répondu, Socrate.

SOCRATE : Eh bien, maintenant, Gorgias, à ton tour. **(451d)** La rhétorique est justement un des arts qui accomplissent et achèvent leur tâche uniquement au moyen de discours, n'est-il pas vrai ?

GORGIAS : C'est vrai.

SOCRATE : Dis-moi donc à présent sur quoi portent ces discours. Quelle est, entre toutes les choses de ce monde, celle dont traitent ces discours propres à la rhétorique ?

GORGIAS : Ce sont les plus grandes de toutes les affaires humaines, Socrate, et les meilleures.

SOCRATE : Mais, Gorgias, ce que tu dis là est sujet à discussion et n'offre encore aucune précision **(451e)**. Tu as sans doute entendu chanter dans les banquets cette chanson qui, dans l'énumération des **biens**, dit que le meilleur est la santé, que le second est la beauté et que le troisième est, selon l'expression de l'auteur de la chanson, la richesse acquise sans fraude.

GORGIAS : Je l'ai entendue en effet, mais où veux-tu en venir ?

SOCRATE : C'est que **(452a)** tu pourrais bien être assailli tout de suite par les artisans de ces biens vantés par l'auteur de la chanson, le médecin, le **pédotribe** et le financier, et que le médecin le premier pourrait me dire : « Socrate, Gorgias te trompe. Ce n'est pas son art qui a pour objet le plus grand bien de l'humanité, c'est le mien. » Et si je lui demandais : « Qui es-tu, toi, pour parler de la sorte ? », il me répondrait sans doute qu'il est médecin. — « Que prétends-tu donc ? Que le produit de ton art est le plus grand des biens ? », il me répondrait sans doute : « Comment le contester, Socrate, puisque c'est la santé ? Y a-t-il pour les hommes un bien plus grand **(452b)** que la santé ? »

Et si, après le médecin, le pédotribe à son tour me disait : « Je serais, ma foi, bien surpris, moi aussi, Socrate, que Gorgias ait pu te montrer de son art un bien plus grand que moi du mien », je lui répondrais à lui aussi : « Qui es-tu, l'ami, et quel est ton art ? — Je suis pédotribe, dirait-il, et mon art, c'est de rendre les hommes beaux et robustes de corps. »

Après le pédotribe, ce serait, je pense, le financier qui me dirait, avec un souverain mépris pour tous les autres : **(452c)** « Vois donc, Socrate, si tu peux découvrir un bien plus grand que la richesse, soit chez Gorgias, soit chez tout autre. — Quoi donc !, lui dirions-nous. Es-tu, toi, fabricant de richesse ? — Oui. — En quelle qualité ? — En qualité de financier. — Et alors, dirions-nous, tu juges, toi, que la richesse est pour les hommes le plus grand des biens ? — Sans contredit, dirait-il. — Voici pourtant, Gorgias, répondrions-nous, qui proteste que son art produit un plus grand bien que le tien. » Il est clair qu'après cela il demanderait : « Et quel est ce bien ? Que Gorgias s'explique. » **(452d)** Allons, Gorgias, figure-toi qu'eux et moi, nous te posons cette question. Dis-nous quelle est cette chose que tu prétends être pour les hommes le plus grand des biens et que tu te vantes de produire.

GORGIAS : C'est celle qui est réellement le bien suprême, Socrate, qui fait que les hommes sont libres eux-mêmes et en même temps qu'ils commandent aux autres dans leurs cités respectives.

SOCRATE : Que veux-tu donc dire par là ?

Indication d'un lien étroit entre la maîtrise de l'art oratoire et la vie démocratique.

La rhétorique, un art de persuader : qui ? où ? de quoi ?

GORGIAS : Je veux dire le pouvoir de persuader par ses **(452e)** discours les juges au **Tribunal**, les sénateurs dans le **Conseil**, les citoyens dans l'Assemblée du peuple et dans toute autre réunion qui soit une réunion de citoyens. Avec ce pouvoir, tu feras ton esclave du médecin, ton esclave du pédotribe, et, quant au fameux financier, on reconnaîtra que ce n'est pas pour lui qu'il amasse de l'argent, mais pour autrui, pour toi qui sais parler et persuader les foules.

SOCRATE : À présent, Gorgias, il me paraît que tu as montré d'aussi près que possible **(453a)** quelle est pour toi la rhétorique, et, si je comprends bien, ton idée est que la rhétorique est l'ouvrière de la persuasion et que tous ses efforts et sa tâche essentielle se réduisent à cela. Pourrais-tu en effet soutenir que son pouvoir aille plus loin que de produire la persuasion dans l'âme des auditeurs ?

GORGIAS : Nullement, Socrate, et tu me parais l'avoir bien définie, car telle est bien sa tâche essentielle.

SOCRATE : Écoute-moi, Gorgias, je veux que tu saches, comme j'en suis persuadé moi-même, que, s'il **(453b)** y a des gens qui en conversant ensemble ont le souci de se faire une idée claire de l'objet du débat, je suis moi-même un de ceux-là, et toi aussi, je pense.

GORGIAS : Où veux-tu en venir, Socrate ?

SOCRATE : Je vais te le dire. Cette persuasion dont tu parles, qui vient de la rhétorique, qu'est-elle au juste et sur quoi porte-t-elle ? Je t'avoue que je ne le vois pas bien nettement, bien que je soupçonne ce que tu penses et de sa nature et de son objet ; mais je ne t'en demanderai pas moins quelle est, à ton jugement, cette persuasion produite par la **(453c)** rhétorique et à quels objets tu crois qu'elle s'applique. Quelle raison me pousse, alors que je devine ta pensée, à t'interroger, au lieu de l'exposer moi-même ? Ce n'est pas à cause de toi que je le fais ; c'est en vue de notre **discussion**, afin qu'elle

Tribunal, Conseil Avec l'Assemblée du peuple, ils forment les trois institutions de la cité auxquelles participaient les citoyens.

Discussion Socrate rappelle encore une fois comment il conçoit une discussion : recherche en commun en toute amitié et non combat où l'un essaie de piéger l'autre.

progresse de manière à nous faire voir sous le jour le plus clair l'objet dont nous discutons. Vois donc si je n'ai pas raison de t'interroger encore. Si, par exemple, je t'avais demandé dans quelle classe de peintres est Zeuxis* et si tu m'avais répondu que c'est un peintre d'êtres animés, n'aurais-je pas été en droit de te demander quels êtres animés il peint? N'est-ce pas vrai?

GORGIAS : Si. **(453d)**

SOCRATE : Et cela, parce qu'il y a d'autres peintres qui peignent une foule d'autres figures animées que les siennes.

GORGIAS : Oui.

SOCRATE : Au lieu que, si Zeuxis était le seul qui en peigne, tu aurais bien répondu.

GORGIAS : Assurément.

SOCRATE : Eh bien, à propos de la rhétorique, dis-moi, crois-tu qu'elle soit seule à créer la persuasion ou si d'autres arts la produisent également? Je m'explique. Quand on enseigne une chose, quelle qu'elle soit, persuade-t-on de ce qu'on enseigne, oui ou non?

GORGIAS : Oui, Socrate, très certainement. **(453e)**

SOCRATE : Revenons maintenant aux arts dont nous parlions tout à l'heure. L'arithmétique ne nous enseigne-t-elle pas ce qui se rapporte au nombre, ainsi que l'arithméticien?

GORGIAS : Certainement.

SOCRATE : Donc elle persuade aussi.

GORGIAS : Oui.

SOCRATE : C'est donc aussi une ouvrière de persuasion que l'arithmétique?

GORGIAS : Évidemment.

SOCRATE: Par conséquent, si on nous demande de quelle persuasion et à quoi elle s'applique, nous répondrons, je pense, d'une persuasion qui enseigne la grandeur du nombre, soit pair, soit impair. **(454a)** De même pour les autres arts que nous avons mentionnés tout à l'heure, nous pourrions montrer qu'ils produisent la persuasion, quel genre de persuasion et à propos de quoi. N'est-ce pas vrai?

GORGIAS : Si.

SOCRATE : Par conséquent la rhétorique n'est pas la seule ouvrière de persuasion.

GORGIAS : Tu dis vrai.

SOCRATE : Étant donné qu'elle n'est pas la seule à produire cet effet et que d'autres arts en font autant, nous sommes en droit, comme à propos du peintre, de demander encore à notre interlocuteur de quelle persuasion la rhétorique est l'art et à quoi s'applique cette persuasion. Ne trouves-tu pas **(454b)** cette nouvelle question justifiée?

GORGIAS : Si.

SOCRATE : Réponds-moi donc, Gorgias, puisque tu es de mon avis.

GORGIAS : Je dis, Socrate, que cette persuasion est celle qui se produit dans les tribunaux et dans les autres assemblées, ainsi que je l'indiquais tout à l'heure, et qu'elle a pour objet le juste et l'injuste.

SOCRATE : Je soupçonnais bien moi-même, Gorgias, que c'était cette persuasion et ces objets que tu avais en vue. Mais pour que tu ne sois pas surpris si dans un instant je te pose encore une question semblable sur un point qui paraît **(454c)** clair et sur lequel je veux néanmoins t'interroger, je te répète qu'en te questionnant je n'ai d'autre but que de faire progresser régulièrement la discussion et que je ne vise pas ta personne. Il ne faut pas que nous prenions l'habitude, sous prétexte que nous nous devinons, d'anticiper précipitamment nos pensées mutuelles, et il faut que toi-même tu fasses ta partie à ta manière et suivant ton idée.

GORGIAS : Ta méthode, Socrate, me paraît excellente.

Gorgias réaffirme l'idée que la pratique de l'art oratoire est indissociable de la présence d'un vaste auditoire.

Voir la note de la page 44 sur la conception de la discussion.

La rhétorique, productrice de savoir ou de croyance?

SOCRATE : Alors continuons et examinons encore ceci. Y a-t-il quelque chose que tu appelles *savoir*?

GORGIAS : Oui.

SOCRATE : Et quelque chose que tu appelles *croire*?

GORGIAS : Certainement. **(454d)**

SOCRATE : Te semble-t-il que savoir et croire, la science et la croyance, soient choses identiques et différentes?

GORGIAS : Moi, Socrate, je les tiens pour différentes.

SOCRATE : Tu as raison, et je vais t'en donner la preuve. Si on te demandait : « Y a-t-il, Gorgias, une croyance fausse et une vraie? », tu dirais oui, je suppose.

GORGIAS : Oui.

SOCRATE : Mais y a-t-il de même une science fausse et une vraie?

GORGIAS : Pas du tout.

SOCRATE : Il est donc évident que savoir et croire ne sont pas la même chose.

GORGIAS : C'est juste.

SOCRATE : Cependant ceux qui croient sont persuadés aussi bien que ceux qui savent. **(454e)**

GORGIAS : C'est vrai.

SOCRATE : Alors veux-tu que nous admettions deux sortes de persuasion, l'une qui produit la croyance sans la science, et l'autre qui produit la science?

GORGIAS : Parfaitement.

SOCRATE : De ces deux persuasions, quelle est celle que la rhétorique opère dans les tribunaux et les autres assemblées relativement au juste et à l'injuste? Est-ce celle d'où naît la croyance sans la science ou celle qui engendre la science?

GORGIAS : Il est bien évident, Socrate, que c'est celle d'où naît la croyance.

SOCRATE : La rhétorique est donc, à ce qu'il paraît, **(455a)** l'ouvrière de la persuasion qui fait croire, non de celle qui fait savoir relativement au juste et à l'injuste?

GORGIAS : Oui.

SOCRATE : À ce compte, l'orateur n'est pas propre à instruire les tribunaux et les autres assemblées sur le juste et l'injuste, il ne peut leur donner que la croyance. Le fait est qu'il ne pourrait instruire en si peu de temps une foule si nombreuse sur de si grands sujets.

GORGIAS : Assurément non.

SOCRATE : Allons maintenant, examinons la portée de nos opinions sur la rhétorique, **(455b)** car je n'arrive pas encore à préciser ce que j'en pense. Lorsque la cité convoque une assemblée pour choisir des médecins, des constructeurs de navires ou quelque autre espèce d'artisans, ce n'est pas, n'est-ce pas, l'homme habile à parler qu'elle consultera ; car il est clair que, dans chacun de ces choix, c'est l'homme de métier le plus habile qu'il faut prendre. Ce n'est pas l'orateur non plus qu'elle consultera, s'il s'agit de construire des remparts ou d'installer des ports ou des **arsenaux**, mais bien les architectes. De même encore, quand elle délibèrera sur le choix des généraux, l'ordre de bataille d'une armée, l'enlèvement d'une place forte, **(455c)** c'est aux experts dans l'art militaire qu'elle demandera conseil, et non aux experts dans la parole.

Qu'en penses-tu, Gorgias? Puisque tu déclares que tu es toi-même orateur et que tu es capable de former des orateurs, il est juste que tu nous renseignes sur ce qui concerne ton art. Sois persuadé qu'en ce moment moi-même je défends tes intérêts. Peut-être en effet y a-t-il ici, parmi les assistants, des gens qui désirent devenir tes disciples. Je devine qu'il y en a, et même beaucoup, mais qui peut-être n'osent pas t'interroger. Figure-toi donc, lorsque je te questionne **(455d)**, qu'ils te posent la même question que moi : « Que gagnerons-nous, Gorgias, si nous suivons tes leçons? Sur quelles affaires serons-nous capables de conseiller la cité? Sera-ce uniquement sur le juste et l'injuste ou aussi sur les sujets mentionnés tout à l'heure par Socrate? » Essaie donc de leur répondre.

La puissance de la rhétorique surpasse celle de tous les autres arts

GORGIAS : Oui, Socrate, je vais essayer de te dévoiler clairement la puissance de la rhétorique dans toute son ampleur, car tu m'as toi-même fort bien montré la voie.

Arsenal Établissement où se trouve tout ce qui est nécessaire à la construction, à la réparation et à l'armement des navires de guerre.

Tu sais, je pense, que ces arsenaux et ces remparts d'Athènes **(455e)** et l'organisation de ses ports sont dus en partie aux conseils de Thémistocle*, en partie à ceux de Périclès*, et non à ceux des hommes de métier.

SOCRATE : C'est ce qu'on dit de Thémistocle, Gorgias. Quant à Périclès, je l'ai entendu moi-même, quand il nous conseilla la construction du mur intérieur. **(456a)**

GORGIAS : Et quand il s'agit de faire un de ces choix dont tu parlais tout à l'heure, Socrate, tu vois que les orateurs sont ceux qui donnent leur avis en ces matières et qui font triompher leurs opinions.

SOCRATE : C'est aussi ce qui m'étonne, Gorgias, et c'est pourquoi je te demande depuis longtemps quelle est cette puissance de la rhétorique. Elle me paraît en effet merveilleusement grande, à l'envisager de ce point de vue.

GORGIAS : Que dirais-tu, si tu savais tout, si tu savais qu'elle embrasse pour ainsi dire en elle-même toutes les puissances **(456b)**. Je vais t'en donner une preuve frappante. J'ai souvent accompagné mon frère et d'autres médecins chez quelqu'un de leurs malades qui refusait de boire une potion ou de se laisser **amputer** ou **cautériser** par le médecin. Or tandis que celui-ci n'arrivait pas à les persuader, je l'ai fait, moi, sans autre art que la rhétorique. Qu'un orateur et un médecin se rendent dans la ville que tu voudras, s'il faut discuter dans l'Assemblée du peuple ou dans quelque autre réunion pour décider lequel des deux doit être élu comme médecin, j'affirme que le médecin ne comptera pour rien **(456c)** et que l'orateur sera préféré, s'il le veut. Et quel que soit l'artisan avec lequel il sera en concurrence, l'orateur se fera choisir préférablement à tout autre ; car il n'est pas de sujet sur lequel l'homme habile à parler ne parle devant la foule d'une manière plus persuasive que n'importe quel artisan. Telle est la puissance et la nature de la rhétorique.

Toutefois, Socrate, il faut user de la rhétorique comme de tous les autres arts de combat. **(456d)**

Amputer, cautériser
Ces actes médicaux se pratiquaient sans anesthésie.

Ceux-ci en effet ne doivent pas être employés contre tout le monde indifféremment, et parce qu'on a appris le **pugilat**, le **pancrace**, l'escrime avec des armes véritables, de manière à s'assurer la supériorité sur ses amis et ses ennemis, ce n'est pas une raison pour battre ses amis, les transpercer et les tuer. Ce n'est pas une raison non plus, par Zeus, qu'un homme qui a fréquenté la **palestre** et qui est devenu robuste et habile à boxer frappe ensuite son père et sa mère ou tout autre parent ou ami. **(456e)** Ce n'est pas, dis-je, une raison pour prendre en aversion et chasser de la cité les pédotribes et ceux qui montrent à combattre avec des armes, car si ces maîtres ont transmis leur art à leurs élèves, c'est pour en user avec justice contre les ennemis et les malfaiteurs, c'est pour se défendre, et non pour attaquer. **(457a)** Mais il arrive que les élèves, prenant le contrepied, se servent de leur force et de leur art contre la justice. Ce ne sont donc pas les maîtres qui sont méchants et ce n'est pas l'art non plus qui est responsable de ces écarts et qui est méchant, c'est, à mon avis, ceux qui en abusent.

On doit porter le même jugement sur la rhétorique. Sans doute l'orateur est capable de parler contre tous et sur toute chose de manière à persuader la foule mieux que personne, sur presque tous les sujets qu'il veut ; **(457b)** mais il n'est pas plus autorisé pour cela à dépouiller de leur réputation les médecins ni les autres artisans, sous prétexte qu'il pourrait le faire ; au contraire, on doit user de la rhétorique avec justice comme de tout autre genre de combat. Mais si quelqu'un qui s'est formé à l'art oratoire abuse ensuite de sa puissance et de son art pour faire le mal, ce n'est pas le maître, à mon avis, qu'il faut haïr et chasser des villes, car c'est en vue d'un bon usage qu'il a transmis son savoir **(457c)** à son élève, mais celui-ci en fait un usage tout opposé. C'est donc celui qui en use mal qui mérite la réprobation, l'exil et la mort, mais non le maître.

Socrate pose les règles d'une discussion véritable

SOCRATE : J'imagine, Gorgias, que tu as, comme moi, assisté à bien des discussions et que tu y as remarqué une chose, c'est que les interlocuteurs ont bien de la peine à définir entre eux le sujet qu'ils entreprennent de discuter et à terminer l'entretien après s'être instruits et avoir instruit les autres. **(457d)** Sont-ils en désaccord sur un point et l'un prétend-il que l'autre parle avec peu de justesse ou de clarté, ils se fâchent et s'imaginent que c'est par envie qu'on les contredit et qu'on leur cherche querelle, au lieu de chercher la solution du problème à débattre. Quelques-uns même se séparent à la fin comme des goujats, après s'être abondamment injuriés et avoir échangé des propos tels que les assistants s'en veulent à eux-mêmes d'avoir eu l'idée d'assister à de pareilles disputes. **(457e)**

Pourquoi dis-je ces choses? C'est qu'en ce moment tu me parais exprimer des idées qui ne concordent pas tout à fait et ne sont pas en harmonie avec ce que tu as dit d'abord de la rhétorique. Aussi j'hésite **(458a)** à te **réfuter** : j'ai peur que tu ne te mettes en tête que, si je parle, ce n'est pas pour éclaircir le sujet, mais pour te chercher querelle.

Si donc tu es un homme de ma sorte, je t'interrogerai volontiers ; sinon, je m'en tiendrai là. De quelle sorte suis-je donc? Je suis de ceux qui ont plaisir à être réfutés, s'ils disent quelque chose de faux, et qui ont plaisir aussi à réfuter les autres, quand ils avancent quelque chose d'inexact, mais qui n'aiment pas moins à être réfutés qu'à réfuter. Je tiens en effet qu'il y a plus à gagner à être réfuté, parce qu'il est bien plus avantageux d'être soi-même délivré du plus grand des maux que d'en délivrer autrui ; car, à mon avis, il n'y a pour l'homme rien de si funeste que d'avoir une opinion fausse **(458b)** sur le sujet qui nous occupe aujourd'hui. Si donc tu m'affirmes être dans les mêmes dispositions que moi, causons ; si au contraire tu es d'avis qu'il faut en rester là, restons-y et finissons la discussion.

Voir la note de la page 37 sur ce qui distingue la rhétorique du dialogue rigoureux.

Réfuter Rejeter une idée ou un raisonnement en faisant la preuve de sa fausseté.

GORGIAS : Mais moi aussi, Socrate, je me flatte d'être de ceux dont tu as tracé le portrait. Mais peut-être faudrait-il songer aussi à la compagnie. Bien avant votre arrivée, j'ai donné aux assistants une longue séance, et si nous continuons la discussion, elle nous entraînera peut-être un peu loin. **(458c)** Il faut donc aussi penser à eux et ne pas retenir ceux d'entre eux qui voudraient faire autre chose.

CHÉRÉPHON : Vous entendez vous-mêmes, Gorgias et Socrate, le bruit que font ces messieurs, désireux de vous entendre parler. Pour ma part, puissé-je n'avoir jamais d'affaire si pressante qu'il me faille quitter de pareils entretiens et de tels interlocuteurs et trouver plus d'avantages à faire autre chose ! **(458d)**

CALLICLÈS : Par les dieux, Chéréphon, moi aussi, j'ai déjà assisté à bien des entretiens, mais je ne sais pas si j'y ai jamais éprouvé autant de plaisir qu'à présent. Aussi, même si vous deviez discuter toute la journée, moi, j'en serais charmé.

SOCRATE : Eh bien, Calliclès, je n'y mets pour ma part aucun obstacle, si Gorgias y consent.

GORGIAS : Il serait maintenant honteux pour moi, Socrate, de ne pas y consentir, quand j'ai déclaré moi-même que je répondrais à toutes les questions qu'on voudrait me poser. **(458e)** Si donc cela plaît à la compagnie, reprends l'entretien et pose-moi les questions que tu voudras.

Socrate amène Gorgias à percevoir la contradiction au coeur de son propos

SOCRATE : Écoute donc, Gorgias, ce qui me surprend dans tes discours. Peut-être avais-tu raison et t'ai-je mal compris. Tu es capable, dis-tu, de former un orateur, si quelqu'un veut suivre tes leçons ?

GORGIAS : Oui.

SOCRATE : Et de le rendre capable, quel que soit le sujet, de gagner la foule, non en l'instruisant, mais en la persuadant ?

GORGIAS : Parfaitement. **(459a)**

Gorgias semble vouloir habilement se dérober à la discussion.

Voir les distinctions faites par Socrate de la fin de 454c à 455a entre savoir et croyance, convaincre et persuader.

SOCRATE : Tu disais tout à l'heure que, même en ce qui regarde la santé, l'orateur est plus habile à persuader que le médecin.

GORGIAS : Oui, au moins devant la foule.

SOCRATE : Devant la foule, c'est-à-dire devant ceux qui ne savent pas ; car, devant ceux qui savent, l'orateur sera certainement moins persuasif que le médecin.

GORGIAS : C'est vrai.

SOCRATE : Si donc il doit être davantage capable de persuader que le médecin, il sera plus persuasif que celui qui sait ?

GORGIAS : Certainement. **(459b)**

SOCRATE : Quoiqu'il ne soit pas médecin, n'est-ce pas ?

GORGIAS : Oui.

SOCRATE : Mais celui qui n'est pas médecin est sans doute ignorant dans les choses où le médecin est savant.

GORGIAS : C'est évident.

SOCRATE : Ainsi l'ignorant parlant devant des ignorants sera davantage capable de persuader que le savant si l'orateur est davantage capable de persuader que le médecin. N'est-ce pas ce qui résulte de ce que tu dis, ou vois-tu une autre conséquence ?

GORGIAS : C'en est la conséquence logique, en ce cas du moins.

SOCRATE : Et si on considère tous les autres arts, l'orateur et la rhétorique n'ont-ils pas le même avantage ? La rhétorique n'a nullement besoin de connaître les choses en elles-mêmes, **(459c)** de manière à paraître aux yeux des ignorants plus savants que ceux qui savent.

GORGIAS : N'est-ce pas une chose bien commode, Socrate, que de pouvoir, sans avoir appris d'autre art que celui-là, égaler tous les spécialistes ?

SOCRATE : Si l'orateur, en se bornant à cet art, est ou n'est pas l'égal des autres, c'est ce que nous examinerons tout à l'heure, si notre sujet le demande. Pour le moment, voyons d'abord **(459d)** si, par rapport au juste et à l'injuste, au laid et au beau, au bien et au mal, l'orateur est dans le même cas que relativement à la santé et aux objets des autres arts et si, sans connaître les choses en elles-mêmes et sans savoir ce qui est bien ou mal, beau ou laid, juste ou injuste, il a trouvé pour tout cela un moyen de persuasion qui le fasse paraître plus savant aux yeux des ignorants, malgré son ignorance, que celui qui sait. Ou bien est-il nécessaire de savoir et faut-il avoir appris ces choses **(459e)** avant de venir à toi pour apprendre la rhétorique? Sinon, toi, qui es maître de rhétorique, sans enseigner aucune de ces choses à celui qui vient à ton école, car ce n'est pas ce que tu as à faire, feras-tu en sorte que devant la foule il ait l'air de savoir tout cela, quoiqu'il ne le sache pas, et qu'il paraisse honnête, quoiqu'il ne le soit pas? Ou bien te sera-t-il absolument impossible de lui enseigner la rhétorique, s'il n'a pas appris d'avance la vérité sur ces matières? Que faut-il penser de tout cela, Gorgias? **(460a)** Au nom de Zeus, dévoile-moi, comme tu l'as promis, il n'y a qu'un instant, en quoi consiste enfin la puissance de la rhétorique.

GORGIAS : Mon avis à moi, Socrate, c'est que, s'il ignore ces choses-là, il les apprendra, elles aussi, auprès de moi.

SOCRATE : Cela suffit : voilà qui est bien parler. Pour que tu puisses faire de quelqu'un un bon orateur, il est indispensable qu'il connaisse ce que c'est que le juste et l'injuste, soit qu'il l'ait appris avant, soit qu'il l'ait appris après à ton école.

GORGIAS : Cela est certain.

SOCRATE : Mais quoi? **(460b)** Celui qui a appris la charpenterie est-il charpentier, ou non?

GORGIAS : Il l'est.

SOCRATE : Et celui qui a appris la musique n'est-il pas musicien?

GORGIAS : Si.

SOCRATE : Et celui qui a appris la médecine, médecin? Et le même principe ne s'applique-t-il pas aux autres arts? Celui qui a appris un art n'est-il pas tel que le fait la connaissance de cet art?

GORGIAS : Si, certainement.

SOCRATE : À suivre ce principe, celui qui a appris la justice est donc juste?

GORGIAS : Sans aucun doute.

SOCRATE : Mais le juste fait des actions justes.

GORGIAS : Oui.

SOCRATE: C'est donc une nécessité **(460c)** que l'homme formé à la rhétorique soit juste et que le juste veuille faire des actions justes?

GORGIAS : Apparemment.

SOCRATE : Donc le juste ne voudra jamais commettre une injustice.

GORGIAS : Il ne saurait le vouloir.

SOCRATE : Or l'orateur, d'après notre raisonnement, est nécessairement juste.

GORGIAS : Oui.

SOCRATE : Par conséquent l'orateur ne voudra jamais commettre une injustice.

GORGIAS : Il semble que non.

SOCRATE : Maintenant te rappelles-tu avoir dit tout à l'heure **(460d)** qu'il ne faut pas s'en prendre aux pédotribes ni les chasser des cités, si le boxeur se sert de la boxe pour faire du mal, et pareillement que, si l'orateur fait un mauvais usage de la rhétorique, ce n'est pas le maître qu'il faut accuser ni chasser de la cité, mais bien le coupable qui a fait un mauvais usage de la rhétorique? As-tu dit cela, oui ou non?

GORGIAS : Je l'ai dit.

SOCRATE : Mais ne venons-nous pas de voir à l'instant que ce même homme **(460e)**, l'orateur, est incapable de commettre jamais une injustice? N'est-ce pas vrai?

GORGIAS : Si, évidemment.

SOCRATE: Mais au début de notre entretien, Gorgias, tu as dit que la rhétorique avait pour objet les discours, non pas ceux qui traitent du pair et de l'impair, mais ceux qui traitent du juste et de l'injuste, n'est-ce pas?

GORGIAS : Oui.

Socrate reprend à son compte une idée évidente de la morale grecque selon laquelle le bien-agir serait davantage affaire de connaissance que de volonté.

SOCRATE : Quand je t'ai entendu affirmer cela, j'ai cru, moi, que la rhétorique ne saurait jamais être une chose injuste, puisque ses discours portent toujours sur la justice. Mais quand peu après tu as dit que l'orateur pouvait aussi faire de la rhétorique un usage injuste, **(461a)** cela m'a surpris, et, considérant le désaccord qui était dans tes discours, j'ai fait cette déclaration, que, si tu croyais comme moi qu'il est avantageux d'être réfuté, il valait la peine de continuer la discussion ; qu'autrement, il fallait la laisser tomber. Puis, après examen, tu vois toi-même que nous reconnaissons au contraire que l'orateur ne peut pas user injustement de la rhétorique ni consentir à être injuste. Où est la vérité là-dedans ? Par le chien, Gorgias, **(461b)** nous aurons besoin d'une longue séance pour la discerner exactement.

DEUXIÈME ENTRETIEN :
POLOS VIENT AU SECOURS DE GORGIAS

POLOS : Quoi donc, Socrate ? As-tu réellement de la rhétorique l'opinion que tu viens d'exprimer ? T'imagines-tu, parce que Gorgias, par **pudeur**, t'a concédé que l'orateur connaît le **juste**, le **beau** et le **bien**, en ajoutant que, si on venait à lui sans connaître ces choses, il les enseignerait lui-même, et parce qu'à la suite de cette concession, **(461c)** il en est résulté peut-être quelque contradiction dans ses discours, ce dont tu te réjouis après l'avoir engagé toi-même dans ces questions... Car qui peux-tu croire qui avouera ne pas connaître lui-même le juste et ne pouvoir l'enseigner aux autres ? Il faut avoir bien mauvais goût pour amener la discussion sur un pareil terrain.

SOCRATE : Ô charmant Polos, c'est justement pour cela que nous voulons avoir des camarades et des enfants : c'est pour que, quand, devenus vieux, nous faisons un faux pas, vous, les jeunes, vous vous trouviez là pour nous redresser **(461d)** dans nos actes et dans nos discours. Ainsi à présent, si Gorgias et moi avons fait un

Pudeur Embarras, gêne.

Beau, juste, bien Pour Platon, principes éthiques fondamentaux en tant que manifestation de l'idée suprême de Bien.

faux pas en discutant, tu es là pour nous redresser. Tu
le dois. Pour ma part, si tu trouves que nous avons eu
tort de nous mettre d'accord sur tel ou tel point, je te
promets d'y revenir à ta guise, à condition que tu
prennes garde à une chose.

POLOS : À quelle chose ?

SOCRATE : À restreindre, Polos, la **prolixité** dont tu voulais user au début.

Prolixité Verbiage, long
discours.

POLOS : Comment ! Je n'aurai pas le droit de parler
aussi longuement qu'il me plaira ? **(461e)**

SOCRATE : Tu n'aurais vraiment pas de chance, excellent Polos, si, venant à Athènes, l'endroit de la Grèce
où on a la plus grande liberté de parler, tu étais le seul
à ne pas y jouir de ce droit. Mais mets-toi à ma place :
si tu fais de longs discours sans vouloir répondre à
mes questions, ne serai-je pas bien à plaindre à mon
tour, s'il ne m'est pas permis de m'en aller sans t'écouter ? **(462a)** Cependant, si tu t'intéresses à la discussion
que nous avons tenue et si tu veux la rectifier, reviens,
comme je l'ai dit tout à l'heure, sur tel point qu'il te
plaira, et, tantôt questionnant, tantôt questionné,
comme nous avons fait, Gorgias et moi, réfute et
laisse-toi réfuter. Tu prétends sans doute savoir les
mêmes choses que Gorgias, n'est-ce pas ?

POLOS : Oui.

SOCRATE : Comme lui aussi, tu invites les gens à te
poser toutes les questions qu'il leur plait, étant sûr de
savoir répondre ?

POLOS : Certainement.

SOCRATE : Eh bien, maintenant choisis ce qu'il te
plaira, **(462b)** d'interroger ou de répondre.

POLOS : C'est ce que je vais faire. Réponds-moi, Socrate.
Puisque Gorgias te paraît embarrassé sur la nature de la
rhétorique, dis-nous ce qu'elle est à ton avis.

La rhétorique : une sorte de flatterie, selon Socrate

SOCRATE : Me demandes-tu quelle sorte d'art elle est
selon moi ?

POLOS : Oui.

SOCRATE : Je ne la tiens pas pour un art, Polos, à te dire le vrai.

POLOS : Mais alors pour quoi la tiens-tu ?

SOCRATE : Pour une chose dont tu prétends avoir fait un art dans le traité que j'ai lu dernièrement. **(462c)**

POLOS : Que veux-tu dire par là ?

Polos aurait composé un traité sur l'expérience, laquelle serait un principe de l'art.

SOCRATE : Je veux dire une sorte de **routine**.

POLOS : Ainsi, pour toi, la rhétorique est une routine.

SOCRATE : Oui, si tu n'as rien à m'objecter.

POLOS : Une routine appliquée à quoi ?

Routine Pratique empirique relevant de l'habitude, et donc ignorante des principes qui la guident.

SOCRATE : À procurer une sorte d'agrément et de plaisir.

POLOS : Alors ne trouves-tu pas que c'est une belle chose que la rhétorique, si elle est capable de procurer du plaisir ?

Polos retient le sens esthétique et non éthique de la beauté.

SOCRATE : Voyons, Polos, m'as-tu déjà entendu expliquer ce que je crois qu'est la rhétorique **(462d)** pour passer ainsi à la question suivante, à savoir si je ne la trouve pas belle ?

POLOS : Ne t'ai-je donc pas entendu dire que tu la tiens pour une sorte de routine ?

SOCRATE : Puisque tu attaches tant d'importance à faire plaisir, ne voudrais-tu pas me faire un petit plaisir, à moi ?

POLOS : Je veux bien.

SOCRATE : Alors demande-moi quelle sorte d'art est à mes yeux la cuisine.

POLOS : Je te le demande donc : quel art est la cuisine ?

SOCRATE : Ce n'est pas du tout un art, Polos.

POLOS : Qu'est-ce donc alors ? Dis-le.

SOCRATE : Je dis que c'est une espèce de routine.

POLOS : Appliquée à quoi ? Dis-le.

SOCRATE : Je dis : **(462e)** à procurer de l'agrément et du plaisir, Polos.

POLOS : Alors cuisine et rhétorique, c'est pareil ?

SOCRATE : Non pas, mais elles sont des parties de la même profession.

POLOS : De quelle profession veux-tu parler ?

SOCRATE : La vérité est peut-être un peu rude à dire, et j'hésite à la dire à cause de Gorgias. J'ai peur qu'il ne s'imagine que je veux jeter le ridicule sur sa profession. Je ne sais pas, moi, si la rhétorique que **(463a)** Gorgias professe est ce que j'ai en vue, car notre conversation de tout à l'heure ne nous a pas éclairés du tout sur ce qu'il en pense. Mais ce que, moi, j'appelle *rhétorique*, c'est une partie d'une chose qui n'est pas du tout belle.

GORGIAS : Quelle chose, Socrate ? Parle sans crainte de m'offenser.

SOCRATE : Eh bien, Gorgias, je crois que c'est une pratique qui n'a rien d'un art, mais qui demande un esprit perspicace, viril et naturellement habile dans les relations humaines. **(463b)** Le fond de cette pratique est pour moi la flatterie. Elle me paraît comprendre plusieurs parties ; la cuisine en est une. Celle-ci passe pour être un art mais, à mon sens, elle n'en est pas un ; c'est un **empirisme** et une routine. Parmi les parties de la flatterie, je compte aussi la rhétorique, l'**esthétique** et la **sophistique**. Il y en a quatre, qui se rapportent à quatre objets.

Si maintenant Polos veut m'interroger, qu'il le fasse, car je ne lui ai pas encore expliqué **(463c)** quelle partie de la flatterie est, selon moi, la rhétorique. Il ne s'est pas aperçu que je ne lui avais pas encore répondu sur ce point, et il persiste à me demander si je ne la trouve pas belle. Mais moi, je ne lui répondrai pas si je tiens la rhétorique pour belle ou laide avant d'avoir répondu d'abord sur ce qu'elle est, car ce ne serait pas dans l'ordre, Polos. Demande-moi donc, si tu veux le savoir, quelle partie de la flatterie est, à mon avis, la rhétorique.

POLOS : D'accord, je te le demande : dis-moi quelle partie c'est. **(463d)**

SOCRATE : Comprendras-tu ma réponse ? À mon avis, la rhétorique est le simulacre d'une partie de la politique.

POLOS : Qu'entends-tu par là ? Veux-tu dire qu'elle est belle ou laide ?

Empirisme Façon de faire fondée sur la seule expérience.

Esthétique Désigne l'ensemble des soins d'embellissement du corps tels la coiffure, les maquillages, etc.

Sophistique Selon Aristote*, sagesse apparente qui utilise des procédés d'argumentation trompeurs en vue de l'obtention de succès oratoires et de gains pécuniaires.

À noter encore une fois l'insistance de Socrate à dire ce qu'est une chose avant de lui attribuer telle ou telle qualité.

SOCRATE : Je dis qu'elle est laide ; car j'appelle **laid** ce qui est **mauvais**, puisqu'il faut te répondre comme si tu savais déjà ce que je veux dire.

GORGIAS : Par Zeus, Socrate, moi non plus, je ne comprends pas ton langage. **(463e)**

SOCRATE : Je n'en suis pas surpris, car je ne me suis pas encore expliqué clairement, mais Polos est jeune et vif.

GORGIAS : Eh bien, laisse-le là, et dis-moi comment tu peux soutenir que la rhétorique est le simulacre d'une partie de la politique.

Les arts se rapportant au corps et à l'âme et leurs simulacres

SOCRATE : Je vais donc essayer d'expliquer ce qu'est à mes yeux la rhétorique. Si elle n'est pas ce que je crois, Polos me réfutera. Il y a sans doute quelque chose que tu appelles *corps* et quelque chose que tu appelles *âme*? **(464a)**

GORGIAS : Sans contredit.

SOCRATE : Ne crois-tu pas qu'il y a pour l'un et l'autre un état qui s'appelle la *santé*?

GORGIAS : Si.

SOCRATE : Et que cette santé peut n'être qu'apparente, et non réelle? Voici ce que je veux dire. Beaucoup de gens qui paraissent avoir le corps en bon état ont une mauvaise santé, qu'il serait difficile de déceler par tout autre qu'un médecin ou un maître de gymnastique.

GORGIAS : C'est vrai.

SOCRATE : Je prétends qu'il y a de même dans le corps et dans l'âme quelque chose qui les fait paraître bien portants, quoiqu'ils ne s'en portent pas mieux pour cela.

GORGIAS : C'est juste. **(464b)**

SOCRATE : Voyons maintenant si j'arriverai à t'expliquer plus clairement ce que je veux dire. Je dis que, comme il y a deux **substances**, il y a deux arts. L'un se rapporte à l'âme : je l'appelle *politique*. Pour l'autre, qui se rapporte au corps, je ne peux pas lui trouver tout de suite un nom unique ; mais dans la culture du corps, qui forme un seul tout, je distingue deux parties, la **gymnastique** et la médecine. De même, dans la politique je distingue la **législation**, qui correspond à la gymnastique, et la **justice**, qui correspond à la médecine. **(464c)** Comme les arts de ces deux groupes se rapportent au même objet, ils ont naturellement des rapports entre eux, la médecine avec la gymnastique, la justice avec la législation, mais ils ont aussi des différences.

Il y a donc les quatre arts que j'ai mentionnés, qui veillent au plus grand bien, les uns du corps, les autres de l'âme. Or la flatterie, qui s'en est aperçue, non pas par une connaissance raisonnée, mais par une sorte d'intuition, s'est divisée elle-même en quatre, puis, se glissant sous chacun des arts, elle se fait passer pour celui **(464d)** sous lequel elle s'est glissée. La flatterie n'a nul souci du bien de son objet et, en agitant constamment l'appât du plaisir, elle ne cesse de prendre au piège la naïveté ; elle la trompe et réussit ainsi à se faire passer pour une chose méritant une grande considération. C'est ainsi que la cuisine s'est glissée sous la médecine et feint de connaître les aliments les plus salutaires au corps, si bien que, si le cuisinier et le médecin devaient **disputer** devant des enfants ou devant des hommes aussi peu raisonnables que les enfants, à qui connaît le mieux, du médecin ou du cuisinier, les aliments sains et les mauvais, **(464e)** le médecin n'aurait qu'à mourir de faim. Voilà donc ce que j'appelle *flatterie* et je soutiens qu'une telle pratique est laide, **(465a)** Polos, car c'est à toi que s'adresse mon affirmation, parce que cette pratique vise à l'agréable et néglige le bien. J'ajoute que ce n'est pas un art, mais une routine, parce qu'elle ne peut pas expliquer la véritable nature des choses dont elle s'occupe ni dire la cause de chacune. Pour ma part, je ne donne pas le nom d'*art* à une chose dépourvue de raison. Si tu me contestes ce point, je suis prêt à soutenir la discussion.

Gymnastique Ensemble des activités d'entraînement physique (lutte, pancrace, lancer du disque, par exemple).

Législation Désigne l'ensemble de l'activité législative, de la préparation des projets de lois par le Conseil à leur adoption par l'Assemblée du peuple.

Justice Instance chargée de faire appliquer les lois et de sanctionner les infractions.

Disputer Entrer en compétition oratoire.

Pour Socrate, un art, à la différence d'un simple savoir-faire et à plus forte raison d'une routine, doit pouvoir expliciter les règles et principes qui dirigent sa pratique.

Homme libre Dans une société esclavagiste comme l'était la Grèce, l'homme libre est par nature un homme supérieur et ne doit pas se livrer à des activités et pratiques méprisables.

Sophistes Au ~5e siècle, professeurs itinérants qui donnaient des conférences et dispensaient un enseignement privé en échange d'un salaire. Ils se présentaient comme des maîtres de vertu, et l'objectif de leur enseignement était principalement la réussite politique de leurs élèves, jeunes hommes riches de la noblesse.

Le livre d'Anaxagore *Sur la nature* commençait de cette façon : « Toutes choses étaient confondues ; vint ensuite l'esprit, νοῦς « noûs », qui mit de l'ordre dans l'univers. »

Ainsi donc, je le répète, la flatterie culinaire s'est cachée sous la médecine, **(465b)** et de même, sous la gymnastique, l'esthétique, chose malfaisante, décevante, basse, indigne d'un **homme libre**, qui emploie pour séduire les formes, les couleurs, les fards, les vêtements et qui fait qu'en recherchant une beauté étrangère, on néglige la beauté naturelle que donne la gymnastique. Pour être bref, je te dirai dans le langage des géomètres — peut-être alors me comprendras-tu mieux — que ce que l'esthétique est à la gymnastique, la cuisine l'est à la médecine, ou plutôt que ce que l'esthétique est à la gymnastique, **(465c)** la sophistique l'est à la législation, et que ce que la cuisine est à la médecine, la rhétorique l'est à la justice. Telles sont, je le répète, les différences naturelles de ces choses ; mais comme elles sont voisines, **sophistes** et orateurs se confondent pêle-mêle sur le même terrain, autour des mêmes sujets, et ne savent pas eux-mêmes quel est vraiment leur emploi, et les autres hommes ne le savent pas davantage. De fait, si l'âme ne commandait pas au corps **(465d)** et s'il se gouvernait lui-même, et si l'âme n'examinait pas elle-même et ne distinguait pas la cuisine et la médecine, et si le corps seul en jugeait en les appréciant sur les plaisirs qui lui en reviendraient, on verrait souvent le chaos dont parle Anaxagore*, mon cher Polos, car c'est là une chose que tu connais : « toutes les choses seraient confondues pêle-mêle », et on ne distinguerait pas celles qui regardent la médecine, la santé et la cuisine. Tu as donc entendu ce que je crois qu'est la rhétorique ; elle correspond pour l'âme à ce qu'est la cuisine pour le corps. **(465e)**

Peut-être est-ce une inconséquence, à moi qui t'ai interdit les longs discours, de m'être étendu si longuement. Je mérite pourtant d'être excusé car, quand j'ai parlé brièvement, tu ne m'as pas compris : tu ne savais rien tirer de mes réponses et il fallait te donner des explications. Si donc, à mon tour, je ne vois pas clair dans tes réponses, **(466a)** tu pourras t'étendre, toi aussi. Si, au contraire, je les comprends, laisse-moi m'en contenter, c'est mon droit. Et maintenant, si tu peux faire quelque chose de ma réponse, fais comme bon te semble.

Polos se porte à la défense des orateurs et de leur pouvoir

POLOS : Que dis-tu donc? Tu prétends que la rhétorique est flatterie?

SOCRATE : J'ai dit seulement : une partie de la flatterie. Eh quoi! Polos, à ton âge, tu manques déjà de mémoire! Que feras-tu plus tard?

POLOS : Alors, tu crois que les bons orateurs sont regardés dans les cités comme des flatteurs et, comme tels, peu considérés? **(466b)**

SOCRATE : Est-ce une question que tu me poses ou un discours que tu commences?

POLOS : C'est une question.

SOCRATE : Eh bien, je crois qu'ils ne sont pas considérés du tout.

POLOS : Comment, pas considérés? Ne sont-ils pas très puissants dans l'État?

SOCRATE : Non, si tu entends que la puissance est un bien pour qui la possède.

POLOS : C'est bien ainsi que je l'entends.

SOCRATE : Eh bien, pour moi, les orateurs sont les moins puissants des citoyens.

POLOS : Comment? Ne peuvent-ils pas, comme les tyrans, faire mettre à mort qui ils veulent, **(466c)** déposséder et **bannir** qui leur plait?

SOCRATE : Par le chien, Polos, je me demande, à chaque mot que tu dis, si tu parles en ton nom et si tu exprimes ta propre pensée, ou si tu me demandes la mienne.

POLOS : Mais oui, je te demande la tienne.

SOCRATE : Soit, mon ami, mais alors tu me poses deux questions à la fois.

POLOS : Comment, deux questions?

Bannir Le bannissement hors de la cité, considéré comme une peine aussi, sinon plus, lourde que la peine de mort, pouvait être infligé à un citoyen qui se trouvait alors privé de tous ses droits et interdit de séjour.

SOCRATE : N'as-tu pas dit, ou à peu près, il n'y a qu'un instant, que les orateurs font périr ceux qu'ils veulent, **(466d)** comme les tyrans, et qu'ils dépouillent et bannissent ceux qu'il leur plait?

POLOS : Si.

La puissance véritable :
faire ce que nous voulons ou ce qui nous plait?

SOCRATE : Eh bien, je dis que ce sont deux questions distinctes et je vais répondre à l'une et à l'autre. Je maintiens, moi, Polos, que les orateurs et les tyrans ont très peu de pouvoir dans les États, comme je le disais tout à l'heure, car ils ne font presque rien de ce qu'ils veulent, quoiqu'ils fassent **(466e)** ce qui leur paraît le meilleur.

POLOS : Eh bien, n'est-ce pas être puissant, cela?

SOCRATE : Non, du moins d'après ce que dit Polos.

POLOS : Moi, je dis non? Je dis oui, au contraire.

SOCRATE : Non, **par le ...**, tu ne le dis pas, puisque tu as affirmé qu'un grand pouvoir était un bien pour celui qui le possède.

POLOS : Oui, je l'affirme, en effet.

SOCRATE : Crois-tu donc que ce soit un bien pour quelqu'un de faire ce qui lui paraît le meilleur, s'il est privé de raison, et appelles-tu cela être très puissant?

POLOS : Non.

SOCRATE : Alors, tu vas me prouver que les orateurs ont du bon sens et que la rhétorique est un art, **(467a)** non une flatterie, par une réfutation en règle? Mais, tant que tu ne m'auras pas réfuté, ni les orateurs qui font ce qui leur plait dans les États, ni les tyrans ne possèderont de ce fait aucun bien. Cependant le pouvoir, d'après ce que tu dis, est un bien, tandis que faire ce qui vous plait, quand on est dénué de bon sens, tu avoues toi-même que c'est un mal, n'est-ce pas?

POLOS : Oui.

SOCRATE : Dès lors, comment les orateurs et les tyrans seraient-ils très puissants dans les États, si Socrate

Par le... Juron elliptique. Par respect, on ne prononce pas le nom du dieu par lequel on jure.

n'est pas réfuté par Polos et convaincu qu'ils font ce qu'ils veulent? **(467b)**

POLOS : Cet homme-là...

SOCRATE : Je soutiens qu'ils ne font pas ce qu'ils veulent : réfute-moi.

POLOS : Ne viens-tu pas d'accorder tout à l'heure qu'ils font ce qui leur paraît être le meilleur?

SOCRATE : Je l'accorde encore à présent.

POLOS : Alors, ne font-ils pas ce qu'ils veulent?

SOCRATE : Je le nie.

POLOS : Quand ils font ce qui leur plait?

SOCRATE : Oui.

POLOS : Tu tiens là des propos pitoyables, insoutenables, Socrate.

SOCRATE : Retiens ta rancoeur, Polos de mon coeur, pour parler à ta manière. Si tu es capable de m'interroger, **(467c)** prouve-moi que je me trompe ; sinon, réponds toi-même.

POLOS : Je veux bien te répondre, afin de savoir enfin ce que tu veux dire.

SOCRATE : Crois-tu que les hommes, toutes les fois qu'ils agissent, veulent ce qu'ils font ou ce en vue de quoi ils le font? Par exemple, ceux qui avalent une potion commandée par le médecin veulent-ils, à ton avis, ce qu'ils font, avaler une médecine désagréable, ou bien cette autre chose, la santé, **(467d)** en vue de laquelle ils prennent la potion?

POLOS : Il est évident que c'est la santé qu'ils veulent.

SOCRATE : De même ceux qui vont sur mer ou se livrent à tout autre commerce ne veulent pas ce qu'ils font quotidiennement, car quel homme est désireux d'affronter la mer, les dangers, les embarras? Ce qu'ils veulent, je pense, c'est la chose en vue de laquelle ils naviguent, la richesse, car c'est pour s'enrichir qu'on navigue.

POLOS : C'est certain.

SOCRATE : N'en est-il pas de même pour tout? Si on fait une chose en vue d'une fin, on veut, non pas ce qu'on fait, mais la fin en vue de laquelle on le fait. **(467e)**

Exemple significatif qui rappelle qu'une part très importante des échanges commerciaux avec Athènes se faisait par voie maritime.

POLOS : Oui.

SOCRATE : Et maintenant y a-t-il quoi que ce soit au monde qui ne soit bon ou mauvais ou entre les deux, ni bon ni mauvais?

POLOS : Cela ne saurait être autrement, Socrate.

Bonnes choses Il était habituel de ranger les biens en trois classes par ordre croissant d'importance : biens matériels, biens du corps et biens de l'âme.

SOCRATE : Ne comptes-tu pas parmi les **bonnes choses** la sagesse, la santé, les richesses et toutes les autres semblables, et parmi les mauvaises celles qui sont le contraire?

POLOS : Si.

SOCRATE : Et par *les choses qui ne sont ni bonnes ni mauvaises* n'entends-tu pas celles qui tiennent tantôt du bien, tantôt du mal, **(468a)** ou sont indifférentes, comme d'être assis, de marcher, de courir, de naviguer, ou encore comme la pierre, le bois et tous les objets du même genre? N'est-ce pas, à ton avis, ces choses-là qui ne sont ni bonnes ni mauvaises, ou bien est-ce autre chose?

POLOS : Non, ce sont bien celles-là.

SOCRATE: Et maintenant ces choses indifférentes, quand on les fait, les fait-on en vue des bonnes, ou les bonnes en vue des indifférentes?

POLOS : Nul doute qu'on ne fasse les indifférentes en vue des bonnes.

SOCRATE : Ainsi, c'est le bien **(468b)** que nous poursuivons en marchant, quand nous marchons. Nous pensons que cela est mieux ainsi ; et, quand, au contraire, nous restons tranquilles, nous le faisons dans le même but, le bien, n'est-il pas vrai?

POLOS : Oui.

SOCRATE : De même encore nous ne tuons, quand nous tuons, nous ne bannissons et ne dépouillons autrui que parce que nous sommes persuadés qu'il est préférable pour nous de le faire que de ne pas le faire?

POLOS : Certainement.

SOCRATE : C'est donc en vue du bien qu'on fait tout ce qu'on fait en ce genre.

POLOS : Je le reconnais.

SOCRATE : N'avons-nous pas admis que, quand nous faisons une chose en vue d'une fin, **(468c)** ce n'est pas la chose que nous voulons, c'est la fin en vue de laquelle nous la faisons?

POLOS : Certainement.

SOCRATE : Nous ne voulons donc pas égorger des gens, les exiler, les dépouiller de leurs biens par un simple caprice. Nous voulons le faire, lorsque cela nous est utile ; si cela nous est nuisible, nous ne le voulons pas, car c'est le bien, comme tu le déclares, que nous voulons. Quant à ce qui n'est ni bon ni mauvais, nous ne le voulons pas, ni ce qui est mauvais non plus. Est-ce vrai? Te paraît-il que j'ai raison, Polos, oui ou non? Pourquoi ne réponds-tu pas?

POLOS : Tu as raison.

SOCRATE : Puisque nous sommes d'accord là-dessus, **(468d)** si un homme, tyran ou orateur, en fait périr un autre, ou le bannit de la cité, ou lui confisque ses biens, croyant qu'il y trouvera son avantage, et qu'au contraire cela tourne à son préjudice, il fait bien alors ce qu'il lui plaît, n'est-ce pas?

POLOS : Oui.

SOCRATE : Mais fait-il aussi ce qu'il veut, s'il se trouve que le résultat est mauvais? Pourquoi ne réponds-tu pas?

POLOS : Il ne me semble pas qu'il fasse ce qu'il veut.

SOCRATE : Dès lors, est-il possible qu'un tel homme ait un grand pouvoir **(468e)** dans sa cité, s'il est vrai, comme tu l'admets, qu'un grand pouvoir soit un bien?

POLOS : Non, cela n'est pas possible.

SOCRATE : J'avais donc raison de dire qu'un homme peut faire dans un État ce qu'il lui plaît sans posséder pour cela un grand pouvoir ni faire ce qu'il veut.

Première thèse :
subir l'injustice vaut mieux que la commettre

POLOS : Comme si toi-même, Socrate, tu n'aimerais pas mieux avoir la liberté de faire dans l'État ce qui te plairait que d'en être empêché, et comme si, en voyant

Mettre aux fers Entraver un prisonnier au moyen de chaînes et d'anneaux de fer.

un homme tuer, dépouiller, **mettre aux fers** qui il lui plairait, tu ne lui portais pas envie!

SOCRATE: Supposes-tu qu'il agirait justement ou injustement? **(469a)**

POLOS: De quelque manière qu'il agisse, ne serait-il pas enviable dans un cas comme dans l'autre?

SOCRATE: Ne parle pas ainsi, Polos.

POLOS: Pourquoi donc?

SOCRATE: Parce qu'il ne faut pas envier les gens qui ne sont pas enviables, pas plus que les malheureux, mais les prendre en pitié.

POLOS: Quoi! Penses-tu que les gens dont je parle soient dans ce cas?

SOCRATE: Comment n'y seraient-ils pas?

POLOS: Alors quiconque tue qui il lui plaît, quand il le fait justement, te paraît être malheureux et digne de pitié?

SOCRATE: Non pas, mais il ne me paraît pas enviable.

POLOS: Ne viens-tu pas de dire qu'il était malheureux?

SOCRATE: Je l'ai dit en effet, camarade, de celui qui a tué injustement, **(469b)** et j'ai ajouté qu'il était digne de pitié. Quant à celui qui tue justement, je dis qu'il ne doit pas faire envie.

POLOS: C'est sans doute celui qui meurt injustement qui est digne de pitié et malheureux?

SOCRATE: Moins que celui qui le tue, Polos, et moins que celui qui meurt justement.

POLOS: Comment cela, Socrate?

SOCRATE: C'est que le plus grand des maux, c'est de commettre l'injustice.

POLOS: Commettre l'injustice, le plus grand des maux! N'en est-ce pas un plus grand de la subir?

SOCRATE: Pas du tout.

POLOS: Ainsi toi, tu aimerais mieux subir l'injustice que la commettre? **(469c)**

SOCRATE: Je ne voudrais ni de l'un ni de l'autre, mais s'il me fallait absolument commettre l'injustice ou la subir, je préférerais la subir plutôt que de la commettre.

POLOS : Alors toi, tu n'accepterais pas d'être tyran?

SOCRATE : Non, si tu as de la tyrannie la même idée que moi.

POLOS : L'idée que j'en ai, moi, je le répète, c'est qu'elle permet de faire tout ce qu'on veut dans l'État, tuer, exiler, et tout faire selon son bon plaisir.

SOCRATE : Bienheureux Polos, laisse-moi parler, tu me critiqueras à ton tour. Supposons **(469d)** qu'à l'heure où la place publique est pleine de monde, tenant un poignard sous mon aisselle, je vienne te dire : « Polos, je viens d'acquérir un pouvoir merveilleux égal à celui d'un tyran : si je décide qu'un de ces hommes que tu vois doit mourir sur-le-champ, cet homme sera mort, aussitôt ma décision arrêtée ; si je décide qu'il faut casser la tête à l'un d'eux, il l'aura cassée immédiatement ; qu'il faut lui déchirer son habit, son habit sera déchiré, tant ma puissance est grande dans la cité. » **(469e)** Si, voyant que tu ne me crois pas, je te montrais mon poignard, tu me dirais peut-être alors : « À ce compte, Socrate, tout le monde pourrait être puissant, puisqu'on pourrait de la même façon, incendier la maison qu'on voudrait, les arsenaux et les **trières** des Athéniens et tous les bateaux marchands de l'État et des particuliers. » Mais alors ce n'est pas avoir un grand pouvoir que de faire ce qui vous plaît. Qu'en dis-tu?

POLOS : Dans ces conditions-là, certainement non.

(470a)

SOCRATE : Peux-tu me dire ce que tu reproches à un semblable pouvoir?

POLOS : Oui.

SOCRATE : Qu'est-ce donc? Parle.

POLOS : C'est que nécessairement, si on agit ainsi, on sera puni.

SOCRATE : Être puni, n'est-ce pas un mal?

POLOS : Oui, certainement.

SOCRATE : Donc, étonnant jeune homme, tu en reviens à juger qu'on a un grand pouvoir et que cela est un bien

Trières Navires grecs en bois à trois rangs de rames.

lorsque, faisant son caprice, on y trouve son avantage. Voilà, semble-t-il, ce qu'est un grand pouvoir **(470b)** : hors de là, il n'y a que mal et faiblesse. Mais examinons encore ceci : ne reconnaissons-nous pas qu'il vaut mieux parfois faire ce que nous venons de dire, tuer, bannir, dépouiller les gens, et parfois n'en rien faire?

POLOS : Certainement.

SOCRATE : Sur ce point-là, semble-t-il, nous sommes d'accord, toi et moi?

POLOS : Oui.

SOCRATE : Dans quel cas, selon toi, vaut-il mieux commettre ces actes? Dis-moi comment tu en fais la démarcation.

POLOS : Non, Socrate, réponds toi-même à ta question.

SOCRATE : Eh bien, **(470c)** Polos, puisque tu préfères m'écouter, je dis que cela vaut mieux, quand on fait un de ces actes avec justice, et que c'est mauvais, si l'acte est injuste.

POLOS : Belle difficulté vraiment, Socrate, de te réfuter! Un enfant même te prouverait que tu es dans l'erreur.

SOCRATE : J'aurais beaucoup de reconnaissance à cet enfant, et j'en aurai autant pour toi, si tu me réfutes et me débarrasses de ma niaiserie. Ne te lasse donc pas d'**obliger** un homme qui t'aime, et réfute-moi.

Obliger Secourir, aider.

L'injuste est pourtant heureux : l'exemple d'Archélaos

POLOS : Pour te réfuter, Socrate, on n'a nul besoin de prendre **(470d)** des exemples dans le passé : ceux d'hier et d'aujourd'hui suffisent pour te convaincre d'erreur et te démontrer que les gens injustes sont souvent heureux.

SOCRATE : De quels exemples parles-tu?

POLOS : Tu vois bien sans doute Archélaos*, fils de Perdiccas, régner aujourd'hui en Macédoine?

SOCRATE : Si je ne le vois pas, j'en ai du moins entendu parler.

POLOS : Eh bien, te paraît-il heureux ou malheureux?

SOCRATE : Je n'en sais rien, Polos, je ne l'ai jamais rencontré.

POLOS : Quoi donc? Tu le saurais si tu l'avais rencontré, **(470e)** mais d'ici même tu ne peux pas savoir autrement qu'il est heureux?

SOCRATE : Non, par Zeus, non.

POLOS : Alors on peut être sûr, Socrate, que, du **Grand Roi** lui-même, tu vas dire que tu ignores s'il est heureux.

SOCRATE : Et je dirai la vérité, car je ne sais pas où il en est en ce qui concerne son éducation et son sens de la justice.

POLOS : Eh quoi! Est-ce uniquement en cela que consiste le bonheur?

SOCRATE : Oui, selon moi, Polos, car je prétends que quiconque est honnête, homme ou femme, est heureux, et quiconque est injuste et méchant, malheureux. **(471a)**

POLOS : Alors cet Archélaos est malheureux, d'après la thèse que tu soutiens?

SOCRATE : Oui, mon ami, s'il est injuste.

POLOS : Et comment ne serait-il pas injuste? Il n'avait aucun droit au trône qu'il occupe aujourd'hui, étant né d'une femme qui était **esclave** d'Alkétès, frère de Perdiccas. Selon la justice, il était l'esclave d'Alkétès et, s'il avait voulu observer la justice, il servirait Alkétès et serait heureux d'après ce que tu prétends, au lieu qu'aujourd'hui le voilà prodigieusement malheureux, puisqu'il a commis les plus grands forfaits. **(471b)** Tout d'abord il a fait venir cet Alkétès, son maître et son oncle, pour lui rendre, disait-il, le trône dont Perdiccas l'avait dépouillé ; il l'a reçu chez lui et l'a enivré profondément, lui et son fils Alexandre, qui était son propre cousin et à peu près du même âge que lui ; puis, les mettant dans un chariot, il les a emmenés, les a égorgés et les a fait disparaître tous les deux. Ce crime accompli, il ne s'est pas aperçu qu'il était devenu le plus malheureux des hommes et il n'a éprouvé aucun remords. Peu de temps après, il s'en est pris à son frère, le fils légitime de Perdiccas, **(471c)** un

Le Grand Roi Il s'agit du roi de Perse qui, aux yeux des Grecs, personnifiait le plus grand pouvoir et, aux yeux de Polos, le summum du bonheur.

Esclave L'enfant d'une esclave et d'un homme libre appartenait d'office au propriétaire de la mère, ici à Alkétès.

enfant d'environ sept ans, à qui le pouvoir appartenait de droit. Au lieu de consentir à se rendre heureux en l'élevant comme il le devait et en lui rendant le pouvoir, il l'a jeté dans un puits, l'a noyé puis il a dit à sa mère Cléopâtre qu'en poursuivant une oie il était tombé dans le puits et qu'il y était mort. Aussi, maintenant qu'il est l'homme le plus criminel de Macédoine, il est le plus malheureux de tous les Macédoniens, loin qu'il en soit le plus heureux, et peut-être y a-t-il plus d'un Athénien, à commencer par toi, qui préfèrerait la condition **(471d)** de n'importe quel autre Macédonien à celle d'Archélaos.

Selon Socrate, les exemples de Polos ne prouvent rien

SOCRATE : Dès le commencement de cet entretien, Polos, je t'ai fait compliment en te voyant bien dressé à la rhétorique, mais je t'ai dit que tu avais négligé le dialogue. Et maintenant est-ce là ce fameux raisonnement par lequel un enfant même me réfuterait et suis-je à présent convaincu par toi et par ton raisonnement que j'ai tort de soutenir que l'homme injuste n'est pas heureux ? Comment serais-je convaincu, mon bon, puisque je ne suis d'accord avec toi sur aucune de tes assertions ?

POLOS : C'est que tu y mets de la mauvaise volonté, **(471e)** car au fond tu penses comme moi.

SOCRATE : Bienheureux Polos, tu essaies de me réfuter avec des preuves d'avocat, comme on prétend le faire dans les tribunaux. Là, en effet, les avocats croient réfuter leur adversaire quand ils produisent à l'appui de leur thèse des témoins nombreux et considérables et que leur adversaire n'en produit qu'un seul ou pas du tout. Mais cette manière de réfuter est sans valeur pour découvrir la vérité, car on peut avoir contre soi les fausses dépositions de témoins nombreux et réputés pour sérieux. Et dans le cas présent, sur ce que tu dis, presque tous les Athéniens et les étrangers seront du même avis que toi, si tu veux produire des témoins pour attester que je ne dis pas la vérité. **(472a)** Tu feras déposer en ta faveur, si tu le désires, Nicias*, fils de Nicératos, et avec lui ses frères, dont on voit les **trépieds** placés à la file dans le sanctuaire de Dionysos* ; tu feras déposer, si tu veux, Aristocratès*, fils de Skellios, de qui vient cette belle offrande qu'on voit à Pythô* **(472b)**, et, si tu veux encore, la maison entière de Périclès, ou telle autre famille d'Athènes qu'il te plaira de choisir.

Mais moi, quoique seul, je ne me rends pas, car tu ne me convaincs pas ; tu ne fais que produire contre moi une foule de faux témoins pour me **déposséder de mon bien** et de la vérité. Moi, au contraire, si je ne te produis pas toi-même, et toi seul, comme témoin, et si je ne te fais pas tomber d'accord avec ce que j'avance, j'estime que je n'ai rien fait qui vaille pour résoudre la question **(472c)** qui nous occupe, et que tu n'as rien fait non plus, si je ne témoigne pas moi-même, et moi seul, en ta faveur et si tu ne renvoies pas tous ces autres témoins. Il y a donc la **réfutation** telle que tu la conçois, toi et bien d'autres ; mais il y en a une autre, telle que je la conçois de mon côté. Comparons-les donc et voyons si elles diffèrent entre elles, car les objets dont nous débattons ne sont pas de petite conséquence et on peut dire qu'il n'y en a pas qu'il soit plus beau de connaître et plus honteux d'ignorer, puisqu'en somme il s'agit de savoir ou d'ignorer qui est heureux et qui ne l'est pas. Ainsi tout d'abord, sur le point qui nous occupe, **(472d)** tu es d'avis qu'on peut être heureux quand on fait le mal et qu'on est injuste, puisque tu crois qu'Archélaos est heureux en dépit de ses crimes. Ne devons-nous pas croire que telle est ta manière de voir ?

POLOS : Si, absolument.

SOCRATE : Et moi, je soutiens que c'est impossible. C'est le premier point sur lequel nous sommes en désaccord. Passons à l'autre. Un homme injuste sera-t-il heureux s'il vient à être puni et châtié ?

Trépieds
Ces trépieds étaient le prix gagné par Nicias et ses frères à l'occasion de représentations dramatiques dont ils avaient dû assumer les frais.

Par ces références à différentes personnalités respectées d'Athènes, Socrate semble mettre en cause non seulement Polos mais l'opinion partagée par le plus grand nombre au sujet de ces personnages.

Déposséder de mon bien Socrate parle ici d'un bien spirituel et non de ses biens matériels.

Réfutation Socrate distingue la manière de débattre devant le Tribunal où il s'agit de persuader le grand nombre de l'entretien dialectique qui ne peut se développer qu'entre deux interlocuteurs.

POLOS : Pas du tout ; en ce cas, il sera très malheureux. **(472e)**

SOCRATE : Alors, s'il n'est pas puni, il sera heureux, à ton avis ?

POLOS : Assurément.

Deuxième thèse : ceux qui sont punis pour leurs fautes sont moins malheureux que ceux qui vivent dans l'impunité

SOCRATE : Et moi, je pense, Polos, que l'homme qui commet une injustice et qui porte l'injustice dans son coeur est malheureux dans tous les cas, et qu'il est plus malheureux encore s'il n'est pas puni et châtié de son injustice, mais qu'il l'est moins, s'il la paie et s'il est puni par les dieux et par les hommes.

POLOS : Tu nous débites là, Socrate, d'étranges paradoxes. **(473a)**

SOCRATE : Je vais essayer, camarade, de te faire partager mon sentiment, car je te considère comme un ami. En fait, les points sur lesquels nous sommes en désaccord sont les suivants. Vois toi-même. J'ai dit précédemment que commettre l'injustice était un plus grand mal que la subir.

POLOS : C'est vrai.

SOCRATE : Et toi, que c'est un plus grand mal de la subir.

POLOS : Oui.

SOCRATE : J'ai dit aussi que ceux qui agissent injustement étaient malheureux, et tu m'as réfuté.

POLOS : Oui, par Zeus.

SOCRATE : Tu le crois du moins, toi, Polos. **(473b)**

POLOS : Et j'ai raison de le croire.

SOCRATE : C'est fort possible. Mais toi, de ton côté, tu soutenais que ceux qui agissent injustement sont heureux, s'ils échappent au châtiment.

POLOS : Parfaitement.

SOCRATE : Et moi, je dis que ce sont les plus malheureux et que ceux qui paient la peine de leurs fautes le sont moins. Veux-tu aussi réfuter ce point ?

POLOS : Ah ! Socrate, il est encore plus difficile à réfuter que le précédent !

SOCRATE : Ne dis pas difficile, Polos, mais impossible, car on ne réfute jamais la vérité.

POLOS : Que dis-tu là ? Voici un scélérat qu'on surprend dans un attentat pour s'emparer du pouvoir du tyran **(473c)** et qui, arrêté, est mis à la torture. On le châtie, on lui brûle les yeux, on le mutile atrocement de cent autres façons et il voit infliger les mêmes traitements à ses enfants et à sa femme ; à la fin on le met en croix, on l'enduit de **poix** et on le brûle tout vif. Et cet homme-là serait plus heureux que s'il s'était échappé, avait conquis ce pouvoir et, maître de sa ville, passait toute sa vie à satisfaire ses caprices, objet d'envie et d'admiration pour ses concitoyens et pour les étrangers ! **(473d)** C'est cela que tu donnes pour impossible à réfuter ?

Poix Matière faite de résine et de goudron qu'on faisait chauffer et dont on enduisait le corps d'un condamné.

SOCRATE : C'est encore un épouvantail que tu me présentes, mon brave Polos ; ce n'est pas une réfutation, pas plus que tout à l'heure, quand tu produisais tes témoins. Quoi qu'il en soit, rafraîchis-moi la mémoire sur un détail. Tu as bien dit : « Supposons qu'il veuille injustement s'emparer du pouvoir du tyran ? »

POLOS : Oui.

SOCRATE : Cela étant, aucun des deux ne sera jamais plus heureux que l'autre, ni celui qui a réussi injustement à s'emparer du pouvoir du tyran, ni celui qui est livré au châtiment. En effet, de deux malheureux, ni l'un ni l'autre ne saurait être le plus heureux, mais le plus malheureux des deux **(473e)** est celui qui a échappé et qui est devenu tyran. Qu'est-ce que cela signifie, Polos ? Tu ricanes ? Est-ce là encore une nouvelle manière de réfuter, que de se moquer de ce qu'on dit, sans alléguer aucune raison ?

POLOS : Ne crois-tu pas être entièrement réfuté, Socrate, quand tu avances des choses que personne au monde ne saurait soutenir ? Interroge plutôt un quelconque des assistants.

Sénateur Membre du Conseil.

Tribu Subdivision civique dans la plupart des cités grecques. Athènes en comptait dix. Chacune désignait cinquante conseillers au Conseil des Cinq-Cents, dont le rôle était de préparer le travail de l'Assemblée du peuple.

Prytanie Durée (trente-cinq ou trente-six jours) pendant laquelle les cinquante conseillers d'une tribu devaient assurer la permanence au Conseil.

Lorsque Socrate a été président des prytanes, le jour où le peuple a voulu condamner à mort d'un seul vote, en dépit de la loi, Thrasyllos, Érasinidès et les sept autres généraux vainqueurs aux Arginuses, il a refusé de mettre la motion aux voix, malgré la colère du peuple et les menaces de plusieurs hommes puissants.

SOCRATE : Je ne suis pas du nombre des politiques, Polos, et, l'an passé, ayant été désigné par le sort pour être **sénateur**, quand ma **tribu** a exercé la **prytanie** et qu'il m'a fallu mettre aux voix la question, j'ai fait rire de moi **(474a)** et je n'ai pas su m'y prendre. Ne me parle donc pas non plus aujourd'hui de faire voter les assistants et, si tu n'as pas de meilleure preuve que leur témoignage, laisse-moi prendre ta place, comme je te l'ai proposé tout à l'heure, et fais l'expérience de l'argumentation telle qu'elle doit être à mon avis. Pour ma part, je ne sais produire, en faveur de mes assertions, qu'un seul témoin, celui-là même avec qui je discute, et je ne tiens pas compte du grand nombre. Je sais faire voter un témoin unique, mais je ne discute pas avec le grand nombre. Vois donc si tu consens **(474b)** à me laisser conduire à mon tour l'argumentation et à répondre à mes questions. Je suis convaincu, moi, que, toi et moi et tous les hommes, nous pensons tous que c'est un plus grand mal de commettre l'injustice que de la subir et de ne pas être puni que de l'être.

POLOS : Et moi, je soutiens que ni moi, ni aucun autre homme n'est de cet avis. Toi-même, aimerais-tu mieux subir l'injustice que de la commettre ?

SOCRATE : Oui, et toi aussi, et tout le monde.

POLOS : Bien au contraire, ni moi, ni toi, ni personne au monde.

SOCRATE : Ne veux-tu pas me répondre ? **(474c)**

POLOS : Certainement si, car je suis curieux de savoir ce que tu pourras dire.

Pourquoi vaut-il mieux subir l'injustice que la commettre ?

SOCRATE : Si tu veux le savoir, réponds-moi alors, comme si je commençais à t'interroger. Quel est, selon toi, Polos, le plus grand mal, de faire une injustice ou de la subir ?

POLOS : Selon moi, de la subir.

SOCRATE : Et quel est le plus laid ? Est-ce de la commettre ou de la subir ? Réponds.

POLOS : De la commettre.

SOCRATE : C'est donc aussi un plus grand mal, puisque c'est plus laid.

POLOS : Pas du tout.

SOCRATE : Tu ne crois pas, à ce que je vois, que le beau et le bon, **(474d)** le mauvais et le laid soient la même chose.

POLOS : Non, certes.

SOCRATE : Mais que vas-tu répondre à ceci ? Toutes les **belles choses**, corps, couleurs, figures, sons, occupations, est-ce sans motif que tu les appelles *belles* ? Par exemple, pour commencer par les beaux corps, ne dis-tu pas qu'ils sont beaux, ou bien en raison de l'usage en vue duquel ils servent, ou en raison d'un plaisir particulier que leur aspect cause à ceux qui les regardent ? En dehors de ces raisons, en as-tu quelque autre qui te fasse dire qu'un corps est beau ? **(474e)**

POLOS : Non, je n'en ai pas.

SOCRATE : N'en est-il pas de même de toutes les autres belles choses, des figures et des couleurs ? N'est-ce pas à cause d'un certain plaisir ou de leur utilité ou des deux à la fois que tu les appelles *belles* ?

POLOS : Si.

SOCRATE : N'en est-il pas de même aussi pour les sons et tout ce qui regarde la musique ?

POLOS : Si.

SOCRATE : De même encore, parmi les lois et les occupations, celles qui sont belles ne le sont certainement pas pour d'autres raisons que leur utilité, ou leur agrément, ou les deux à la fois.

POLOS : Apparemment. **(475a)**

SOCRATE : N'en est-il pas aussi de même de la beauté des sciences ?

POLOS : Sans contredit, et tu viens de donner du beau une excellente définition, en le définissant par l'agréable et le bon.

SOCRATE : Le laid, alors, se définira bien par les contraires, le douloureux et le mauvais ?

Voir la page 60 sur le parallélisme entre le bien et le beau et leurs contraires, le mauvais et le laid.

Belles choses Chez les Grecs, la beauté d'un objet quelconque, partie du corps, etc., tient aussi à sa parfaite adéquation avec sa fonction, autrement dit à son utilité. Sur ce sujet, voir *Hippias majeur*.

POLOS : Nécessairement.

SOCRATE : Donc de deux belles choses, si l'une est plus belle que l'autre, **(475b)** c'est parce qu'elle la dépasse par l'une de ces deux qualités ou par toutes les deux qu'elle est la plus belle, c'est-à-dire ou par le plaisir, ou par l'utilité, ou par les deux à la fois ?

POLOS : Certainement.

SOCRATE : Et lorsque, de deux choses laides, l'une est plus laide que l'autre, c'est parce qu'elle cause plus de douleur ou plus de mal qu'elle est plus laide ? N'est-ce pas la conclusion qu'il faut en tirer ?

POLOS : Si.

SOCRATE : Voyons maintenant. Que disions-nous tout à l'heure touchant l'injustice faite ou reçue ? Ne disais-tu pas qu'il est plus mauvais de subir l'injustice et plus laid de la commettre ?

POLOS : Je l'ai dit en effet.

SOCRATE : Si donc il est plus laid de commettre que de souffrir l'injustice, c'est plus douloureux et c'est plus laid, d'autant que l'un l'emporte sur l'autre par la souffrance ou le mal causés, ou par les deux. N'est-ce pas la conclusion qu'il faut en tirer aussi ?

POLOS : Sans contredit.

SOCRATE : Examinons en premier lieu **(475c)** si l'injustice commise cause plus de douleur que l'injustice reçue et si ceux qui la commettent souffrent plus que leurs victimes.

POLOS : Pour cela, non, Socrate.

SOCRATE : Ce n'est donc pas par la douleur que l'injustice commise l'emporte.

POLOS : Non certes.

SOCRATE : Si ce n'est pas par la douleur, ce n'est pas non plus par les deux qu'elle l'emporte.

POLOS : Évidemment non.

SOCRATE : Reste donc que c'est par l'autre.

POLOS : Oui.

SOCRATE : Par le mal.

POLOS : C'est vraisemblable.

SOCRATE : Puisque commettre une injustice l'emporte par le mal, la commettre est donc plus mauvais que la subir.

POLOS : Évidemment. **(475d)**

SOCRATE : Or n'est-il pas admis par la plupart des hommes et ne m'as-tu pas avoué toi-même précédemment qu'il est plus laid de commettre l'injustice que de la subir?

POLOS : Si.

SOCRATE : Et nous venons de voir que c'est plus mauvais.

POLOS : Il semble que oui.

SOCRATE : Maintenant préférerais-tu ce qui est plus laid et plus mauvais à ce qui l'est moins? N'hésite pas à répondre, Polos, il ne t'en arrivera aucun mal. Livre-toi bravement à la discussion comme à un médecin **(475e)** et réponds par oui ou par non à ma question.

POLOS : Non, Socrate, je ne le préférerais pas.

SOCRATE : Existe-t-il un homme qui le préfèrerait?

POLOS : Il me semble que non, du moins d'après ce raisonnement.

SOCRATE : J'avais donc raison de dire que ni moi, ni toi, ni personne au monde ne préfèrerait commettre l'injustice que de la subir, puisque c'est une chose plus mauvaise.

POLOS : Il semble bien.

Pourquoi vaut-il mieux être puni que ne pas l'être?

SOCRATE : Tu vois donc, Polos, que mon argumentation et la tienne, rapprochées l'une de l'autre, ne se ressemblent en rien. Tu as, toi, l'assentiment de tout le monde, excepté moi **(476a)**, et moi, je me contente de ton seul acquiescement et de ton seul témoignage ; je n'appelle à voter que toi seul et je ne tiens pas compte des autres. Que ce point demeure donc arrêté entre nous.

Passons maintenant à l'examen du second point sur lequel nous étions en contestation. Être puni, quand on est coupable, est-ce le plus grand des maux, comme tu le pensais, ou est-ce, comme je le pensais, un plus grand mal d'échapper au châtiment? Procédons de cette manière : payer sa faute et être châtié justement, quand on est coupable, n'est-ce pas la même chose, à ton avis?

POLOS : Si. **(476b)**

SOCRATE : Et maintenant, peux-tu soutenir que tout ce qui est juste n'est pas beau, en tant que juste? Réfléchis avant de répondre.

POLOS : Oui, Socrate, je crois qu'il en est ainsi.

SOCRATE : Examine encore ceci. Si un agent fait quelque chose, n'est-il pas nécessaire qu'il y ait aussi un patient affecté par cet agent?

POLOS : Il me semble que oui.

SOCRATE : Et ce qui supporte ce que fait l'agent ne doit-il pas être tel que le fait l'agent? Voici un exemple : si quelqu'un frappe, ne faut-il pas que quelque chose soit frappé?

POLOS : Nécessairement.

SOCRATE : Et s'il frappe fort ou vite, **(476c)** que la chose frappée soit frappée de même?

POLOS : Oui.

SOCRATE : Par conséquent, l'effet sur l'objet frappé est tel que le fait ce qui le frappe.

POLOS : Certainement.

SOCRATE : De même si quelqu'un brûle, il faut qu'il y ait quelque chose de brûlé?

POLOS : Forcément.

SOCRATE : Et s'il brûle fort et cause une douleur violente, que l'objet brûlé le soit comme le brûleur le brûle?

POLOS : Assurément.

SOCRATE : Et si quelqu'un coupe, n'en est-il pas de même? Il y a quelque chose de coupé?

POLOS : Oui.

SOCRATE : Et si la coupure est grande, ou profonde, ou douloureuse, **(476d)** l'objet coupé subit une coupure telle que la fait le coupeur?

POLOS : C'est évident.

SOCRATE : En un mot, vois si tu m'accordes dans tous les cas ce que je disais tout à l'heure, que telle est l'action de l'agent, tel est l'effet supporté par le patient.

POLOS : Oui, je te l'accorde.

SOCRATE : Cela admis, dis-moi si être puni, c'est subir ou agir.

POLOS : C'est subir, forcément, Socrate.

SOCRATE : De la part de quelqu'un qui agit?

POLOS : Sans doute. De la part de celui qui châtie.

SOCRATE : Mais celui qui châtie **à bon droit** châtie justement? **(476e)**

POLOS : Oui.

SOCRATE : Fait-il en cela une action juste ou non?

POLOS : Il fait une action juste.

SOCRATE : Et celui qui est châtié en punition d'une faute ne subit-il pas un traitement juste?

POLOS : Il semble bien.

SOCRATE : Or nous sommes tombés d'accord que ce qui est juste est beau.

POLOS : Oui, tout à fait.

SOCRATE : Alors de ces deux hommes, l'un fait une action belle, et l'autre, l'homme châtié, la supporte.

POLOS : Oui.

SOCRATE : Mais si elle est belle, elle est bonne, **(477a)** puisqu'elle est agréable ou utile?

POLOS : Forcément.

SOCRATE : Ainsi ce que souffre celui qui est puni est bon?

POLOS : Il semble que oui.

SOCRATE : Il en tire donc utilité?

POLOS : Oui.

SOCRATE : Est-ce l'utilité que je conçois? Son âme ne s'améliore-t-elle pas, s'il est puni justement?

POLOS : C'est vraisemblable.

SOCRATE : Ainsi celui qui est puni est débarrassé de la méchanceté de son âme?

POLOS : Oui.

À bon droit Moralement justifié. La précision est essentielle car elle permet de distinguer l'acte de punir de la simple vengeance.

Analogie implicite ici, mais qui sera explicitée un peu plus loin, entre la punition qui « guérit » l'âme, et les remèdes ou traitements qui guérissent le corps.

SOCRATE : N'est-il pas alors délivré du plus grand des maux ? Examine la question ainsi : pour l'homme qui veut amasser une fortune, **(477b)** vois-tu quelque autre mal plus grand que la pauvreté ?

POLOS : Non, je ne vois que celui-là.

SOCRATE : Et dans la constitution du corps, le mal, à tes yeux, n'est-il pas la faiblesse, la maladie, la laideur et les autres disgrâces du même genre ?

POLOS : Si.

SOCRATE : Et l'âme, ne crois-tu pas qu'elle a aussi ses vices ?

POLOS : Naturellement.

SOCRATE : Ces vices ne les appelles-tu pas *injustice*, *ignorance*, *lâcheté* et d'autres noms pareils ?

POLOS : Certainement.

SOCRATE : Donc pour ces trois choses, richesse, corps et âme, **(477c)** tu as reconnu trois vices, la pauvreté, la maladie, l'injustice ?

POLOS : Oui.

SOCRATE : Maintenant, de ces trois vices quel est le plus laid ? N'est-ce pas l'injustice, et, pour le dire en un mot, le vice de l'âme ?

POLOS : Sans comparaison.

SOCRATE : Si c'est le plus laid, c'est aussi le plus mauvais ?

POLOS : Que veux-tu dire au juste, Socrate ?

SOCRATE : Voici. La chose la plus laide n'est telle que parce qu'elle cause le plus de douleur, de dommage ou de ces deux maux à la fois ; **(477d)** c'est ce que nous avons reconnu précédemment.

POLOS : C'est exact.

SOCRATE : Or n'avons-nous pas reconnu tout à l'heure que ce qu'il y a de plus laid, c'est l'injustice et en général la méchanceté de l'âme ?

POLOS : Nous l'avons reconnu en effet.

SOCRATE : Et le plus laid n'est-il pas tel parce que c'est le plus douloureux et le plus pénible, ou parce que c'est le plus dommageable, ou à cause de l'un et de l'autre ?

Ignorance Le terme désigne moins ici l'absence d'éducation que la méconnaissance du bien et du mal. Il a donc une connotation morale.

POLOS : Nécessairement.

SOCRATE : Est-il donc plus pénible d'être injuste, **intempérant**, lâche et ignorant que d'être pauvre et malade ?

POLOS : Il ne me semble pas, Socrate, d'après ce que nous avons dit.

SOCRATE : Il faut donc, pour que la méchanceté de l'âme soit la chose la plus laide du monde, qu'elle surpasse tout par la grandeur extraordinaire du dommage et le mal prodigieux qu'elle cause, **(477e)** puisque ce n'est pas par la douleur, d'après ce que tu as dit.

POLOS : C'est évident.

SOCRATE : Mais ce qui l'emporte par l'excès du dommage est le plus grand mal qui existe.

POLOS : Oui.

SOCRATE : Donc l'injustice, l'intempérance et en général la méchanceté de l'âme sont les plus grands maux du monde ?

POLOS : Il semble bien.

SOCRATE : Maintenant quel est l'art qui nous délivre de la pauvreté ? N'est-ce pas l'**économie** ?

POLOS : Si.

SOCRATE : Et de la maladie ? N'est-ce pas la médecine ?

POLOS : Incontestablement.

SOCRATE : Et de la méchanceté et de l'injustice ? **(478a)** Si ma question ainsi posée t'embarrasse, reprenons-la de cette manière : où et chez qui conduisons-nous ceux dont le corps est malade ?

POLOS : Chez les médecins, Socrate.

SOCRATE : Et où conduit-on ceux qui s'abandonnent à l'injustice et à l'intempérance ?

POLOS : Tu veux dire qu'on les conduit devant les juges ?

SOCRATE : Pour y être punis de leurs fautes, n'est-ce pas ?

POLOS : Oui.

SOCRATE : Et maintenant, n'est-ce pas en appliquant une certaine justice qu'on punit, quand on **punit avec raison** ?

Intempérant Qui s'adonne avec excès aux plaisirs des sens.

Économie Au sens de savoir bien gérer ses propres affaires.

Punir avec raison L'idée fondamentale encore ici est que, pour être juste, une punition doit être légitime, rationnellement justifiée.

POLOS : Évidemment que si.

SOCRATE : Ainsi donc l'économie délivre de la pauvreté, **(478b)** la médecine de la maladie, la justice de l'intempérance et de l'injustice.

POLOS : Il semble bien.

SOCRATE : Et laquelle de ces choses dont tu parles est la plus belle?

POLOS : Quelles choses?

SOCRATE : L'économie, la médecine, la justice.

POLOS : La plus belle de beaucoup, Socrate, c'est la justice.

SOCRATE : C'est donc elle aussi, puisqu'elle est la plus belle, qui procure le plus de plaisir ou qui est la plus utile, ou les deux à la fois.

POLOS : Oui.

SOCRATE : Est-ce une chose agréable d'être entre les mains des médecins, et prend-on plaisir à se laisser traiter par eux?

POLOS : Je ne le crois pas.

SOCRATE : Mais cela est utile, n'est-ce pas? **(478c)**

POLOS : Oui.

SOCRATE : Parce qu'on est délivré d'un grand mal, et qu'on a avantage à supporter la douleur et à recouvrer la santé.

POLOS : Sans doute.

SOCRATE : Dans ces conditions, quand est-ce qu'on est dans la meilleure condition physique : lorsqu'on est entre les mains des médecins ou lorsqu'on n'est pas du tout malade?

POLOS : C'est évidemment quand on n'a aucune maladie.

SOCRATE : C'est qu'en effet le bonheur ne consiste pas, semble-t-il, à être délivré d'un mal, mais à n'en pas avoir du tout.

POLOS : C'est vrai.

SOCRATE : Et de deux hommes dont le corps ou l'âme sont atteints par le mal, **(478d)** lequel est le plus malheureux, celui qu'on traite et qu'on délivre de son mal, ou celui qui n'est pas traité et qui le garde?

POLOS : Il me semble que c'est celui qui n'est pas traité.

SOCRATE : N'avons-nous pas dit que payer sa faute, c'était se délivrer du plus grand mal, la méchanceté?

POLOS : Nous l'avons dit en effet.

SOCRATE : C'est qu'en effet la punition assagit et rend plus juste, et que la justice est comme la médecine de la méchanceté. **(478e)**

POLOS : Oui.

SOCRATE : Le plus heureux par conséquent est celui qui n'a pas de méchanceté dans l'âme, puisque nous avons vu que c'était le plus grand des maux.

POLOS : Sans aucun doute.

SOCRATE : Au second rang vient celui qu'on délivre de sa méchanceté.

POLOS : Il semble que ce soit le cas.

SOCRATE : Et celui-là, c'est l'homme qu'on avertit, qu'on réprimande et qui expie sa faute?

POLOS : Oui.

SOCRATE : L'homme qui mène la vie la plus malheureuse est donc celui qui garde son injustice au lieu de s'en débarrasser.

POLOS : C'est évident.

SOCRATE : Or n'est-ce pas justement le cas de l'homme qui, tout en commettant les plus grands crimes et en ayant la conduite la plus injuste, réussit à se mettre au-dessus des avertissements, **(479a)** des corrections, des punitions, comme l'a fait, dis-tu, Archélaos, ainsi que les autres tyrans, les orateurs et les despotes?

POLOS : Il semble bien.

SOCRATE : Ces gens-là, excellent Polos, se sont à peu près conduits comme un homme qui, atteint des plus graves maladies, se serait arrangé pour ne pas rendre compte aux médecins de ses maux physiques et pour échapper à leur traitement, craignant, comme un enfant, qu'on ne lui applique **le feu et le fer, (479b)** parce que cela fait mal. N'est-ce pas ainsi que tu te représentes leur état?

POLOS : Si.

L'analogie entre les biens et les maux du corps et ceux de l'âme était un lieu commun chez les Grecs ; elle aura une belle carrière devant elle, jusqu'à nos jours.

Le feu et le fer La médecine antique usait abondamment d'incisions et de cautérisation, c'est-à-dire de brûlures des tissus malades, et cela, sans véritable anesthésie.

SOCRATE : La raison, c'est qu'il ignorerait, il me semble, le prix de la santé et du bon état du corps. À en juger par les principes sur lesquels nous sommes à présent d'accord, ceux qui cherchent à éviter la punition ont bien l'air de se conduire de la même manière, Polos. Ils voient ce qu'elle a de douloureux, mais ils sont aveugles sur ce qu'elle a d'utile et ils ne savent pas combien on est plus à plaindre de vivre avec une âme malsaine, gâtée, injuste, impie, qu'avec un corps malsain. **(479c)** De là vient qu'ils mettent tout en oeuvre pour ne pas expier leur faute et ne pas être délivrés du plus grand des maux ; ils tâchent de se procurer des richesses et des amis et d'être aussi habiles que possible à persuader au moyen du discours. Mais si nos principes sont justes, vois-tu ce qui résulte de notre discussion, ou veux-tu que nous en tirions les conclusions?

POLOS : Oui, s'il te plait.

SOCRATE : N'en résulte-t-il pas que le plus grand des maux, c'est d'être injuste et de vivre dans l'injustice?

POLOS : Si, évidemment.

SOCRATE: D'autre part, **(479d)** n'avons-nous pas reconnu qu'on se délivrait de ce mal en expiant sa faute?

POLOS : C'est possible.

SOCRATE : Et que l'impunité ne faisait que l'entretenir?

POLOS : Oui.

SOCRATE : Par conséquent, par rapport à la grandeur du mal, commettre l'injustice n'est qu'au second rang ; mais l'injustice impunie est le plus grand et le premier de tous les maux.

POLOS : Il semble bien.

SOCRATE : N'est-ce pas sur ce point, cher ami, que nous étions en désaccord? Tu soutenais, toi, qu'Archélaos est heureux, parce que, commettant les plus grands crimes, **(479e)** il échappe à toute punition ; moi, au contraire, je pensais qu'Archélaos ou tout autre qui ne paie pas pour les crimes qu'il a commis est naturellement le plus malheureux de tous les hommes, que celui qui commet une injustice est toujours plus malheureux que celui qui la subit et celui qui n'expie pas sa faute plus que celui qui l'expie. N'est-ce pas là ce que je disais?

POLOS : Si.

SOCRATE : N'est-il pas démontré que j'avais la vérité pour moi?

POLOS : Il semble que si. **(480a)**

Conclusion : la rhétorique n'est d'aucune utilité

SOCRATE : Voilà qui est entendu ; mais si cela est vrai, Polos, où est donc la grande utilité de la rhétorique? Il faut en effet, d'après les principes sur lesquels nous sommes à présent d'accord, se garder avant tout de commettre l'injustice, vu que ce serait déjà un mal suffisant. N'est-ce pas vrai?

POLOS : Tout à fait.

SOCRATE : Et si on a commis une injustice, soi-même ou toute autre personne qui nous est chère, il faut aller de son plein gré là où on l'expiera le plus vite possible, chez le juge, comme on irait chez le médecin, et se hâter, de peur que la maladie de l'injustice devenue chronique **(480b)** ne produise dans l'âme un ulcère inguérissable. Autrement que pouvons-nous dire, Polos, si nos **prémisses** demeurent fermes? N'est-ce pas la seule manière d'accorder notre conclusion avec elles?

Prémisses Ensemble des propositions d'une démonstration dont on tire une conclusion.

POLOS : Que pourrions-nous dire d'autre, Socrate?

SOCRATE : Donc, pour nous défendre d'une accusation d'injustice, lorsque nous en avons commis une nous-mêmes, ou nos parents, ou nos amis, ou nos enfants, ou notre patrie, la rhétorique n'est pour nous d'aucun usage, Polos, à moins qu'on n'admette **(480c)** au contraire qu'il faut s'accuser soi-même le premier, puis ses parents et ses amis, toutes les fois qu'ils ont commis quelque injustice, qu'il ne faut pas cacher sa faute, mais l'exposer au grand jour, afin de l'expier et de recouvrer la santé, qu'on doit se faire violence à soi-même et aux autres pour ne pas reculer, mais pour s'offrir les yeux fermés et avec courage, comme on s'offre au médecin pour être amputé ou cautérisé, qu'il faut poursuivre le bon et le beau, sans tenir compte de la douleur, et, si la faute qu'on a commise mérite des coups, **(480d)** aller au-devant des coups ; si elle mérite la prison, aller au-devant des chaînes ; si elle mérite une amende, la payer ; l'exil, s'exiler ; la mort, la subir ; être le premier à déposer contre soi-même et contre ses proches et pratiquer la rhétorique uniquement pour se délivrer, par la manifestation de ses crimes, du plus grand des maux, l'injustice. Est-ce là, oui ou non, Polos, ce que nous devons dire ?

POLOS : Cela me paraît étrange, **(480e)** Socrate, mais peut-être est-ce la conséquence de ce que nous avons dit précédemment.

SOCRATE : Ainsi donc, il faut, ou bien retirer ce que nous avons dit, ou bien admettre ces conclusions ?

POLOS : En effet, il n'y a rien d'autre à faire.

SOCRATE : Prenons maintenant le cas contraire. Supposons qu'il faille **faire du mal à quelqu'un**, ennemi ou tout autre, — pourvu qu'on ne soit pas soi-même lésé par son ennemi, car il faut bien prendre garde à cela, — si donc c'est un autre que cet ennemi a lésé, il faut faire tous ses efforts, en actions et en paroles, **(481a)** pour qu'il ne soit pas puni et ne vienne pas devant le juge ; et, s'il y vient, il faut s'arranger pour qu'il échappe et ne soit pas puni, de sorte que, s'il a volé une grande quantité d'or, il ne le rende pas, mais le garde et le dépense pour lui-même et les siens d'une manière injuste et **impie**, et que, s'il a mérité la mort par ses crimes, il y échappe et, si c'est possible, qu'il ne meure jamais, mais soit immortel dans sa méchanceté, ou que du moins **(481b)** il vive le plus longtemps possible dans l'état où il est. Telles sont, Polos, les fins pour lesquelles la rhétorique me semble pouvoir servir pour celui qui ne doit commettre aucune injustice, je ne vois pas en effet qu'elle puisse lui être d'une grande utilité, si tant est qu'elle en ait une, car notre argumentation précédente nous a fait voir qu'elle n'était bonne à rien.

Le caractère pour le moins excessif du propos de Socrate peut être compris comme un argument limite, paradoxal, pour prouver l'inutilité de la rhétorique.

Faire du mal à quelqu'un L'idée selon laquelle on doit faire du bien à ses amis et du mal à ses ennemis était une évidence dans la morale grecque.

Impie De manière offensante pour la religion.

Propos à la fois ironique et paradoxal, Socrate prenant ici l'exact contrepied de la morale collective.

TROISIÈME ENTRETIEN :
CALLICLÈS ENTRE EN SCÈNE

CALLICLÈS : Dis-moi, Chéréphon, Socrate est-il sérieux quand il tient ce langage ou badine-t-il ?

CHÉRÉPHON : Il me semble, Calliclès, qu'il est souverainement sérieux mais il n'y a rien de tel que de le lui demander.

CALLICLÈS : Par les dieux, j'en ai bien envie. Dis-moi, **(481c)** Socrate, faut-il croire que tu parles sérieusement en ce moment ou que tu badines ? Si tu parles sérieusement et si ce que tu dis est vrai, il y a de quoi renverser notre vie sociale, et nous faisons, il me semble, tout le contraire de ce qu'il faudrait faire.

SOCRATE : Si les hommes, Calliclès, n'étaient pas sujets aux mêmes passions, ceux-ci d'une façon, ceux-là d'une autre, et si chacun de nous avait sa passion propre, sans rapport avec celles des autres, il ne serait pas facile de faire connaître à autrui **(481d)** ce qu'on éprouve soi-même. Si je dis cela, c'est que j'ai observé que nous sommes actuellement, toi et moi, dans le même cas, et que nous sommes tous deux épris de deux objets, moi d'Alcibiade*, fils de Clinias, et de la philosophie, toi, du **Démos** athénien et de Démos, fils de Pyrilampe*.

Or, je m'aperçois en toute occasion qu'en dépit de ton éloquence, quoi que dise l'objet de ton amour et de quelque manière qu'il voie les choses, **(481e)** tu n'as pas la force de le contredire et que tu te laisses ballotter d'une idée à l'autre. Si dans l'Assemblée tu émets une opinion et que le Démos athénien se déclare contre elle, tu l'abandonnes et tu conformes ton langage à ses désirs, et tu en fais autant pour ce beau garçon, le fils de Pyrilampe. C'est que tu es hors d'état de résister aux volontés et aux discours de l'objet aimé ; et si quelqu'un, chaque fois que tu parles, s'étonnait des choses que tu dis pour leur complaire et les trouvait absurdes, tu pourrais lui répondre, si tu voulais dire la vérité, que, si on n'empêche pas tes amours de parler

Démos Jeu de mot intraduisible : Démos est à la fois un nom propre et signifie aussi « peuple ». Les orateurs, pour rester populaires et conserver leur influence, avaient l'habitude de flatter le peuple, ce que Platon ne cessera de leur reprocher.

comme ils le font, **(482a)** tu ne pourras jamais t'empêcher toi-même de parler comme tu fais.

Dis-toi donc que, de ma part aussi, tu dois t'attendre à la même réponse et ne t'étonne pas des discours que je tiens, mais oblige l'objet de mon amour, la **philosophie**, à cesser de parler comme elle le fait. C'est elle, en effet, cher ami, qui dit sans cesse ce que tu m'entends dire en ce moment, et elle est beaucoup moins changeante que mes autres amours ; le fils de Clinias parle tantôt d'une façon, tantôt d'une autre, mais la philosophie tient toujours le même discours. C'est elle qui dit les choses dont tu t'étonnes **(482b)** et tu as assisté toi-même à ses discours. C'est donc elle que tu as à réfuter, je le répète ; prouve-lui que commettre l'injustice et vivre dans l'impunité, après l'avoir commise, n'est pas le pire des maux. Autrement, si tu laisses cette assertion sans la réfuter, **par le chien**, dieu des Égyptiens, je te jure, Calliclès, que tu ne t'accorderas pas avec toi-même et que tu vivras dans une perpétuelle dissonance. Or, je pense, moi, excellent ami, que mieux vaudrait pour moi avoir une lyre mal accordée et dissonante, diriger un choeur discordant **(482c)** et me trouver en opposition et en contradiction avec la plupart des hommes que d'être seul en désaccord avec moi-même et de me contredire.

Réquisitoire de Calliclès

CALLICLÈS : Tu m'as l'air, Socrate, d'être aussi présomptueux dans tes discours qu'un véritable orateur populaire, et tu déclames ainsi parce que Polos a eu la même défaillance qu'il accusait Gorgias d'avoir eue avec toi. Polos a dit en effet que Gorgias, lorsque tu lui as demandé, au cas où quelqu'un, désireux d'apprendre la rhétorique, viendrait à son école sans connaître la justice, s'il la lui enseignerait, **(482d)** avait répondu qu'il l'enseignerait, par fausse honte et pour ne pas heurter les préjugés des gens, qui s'indigneraient qu'on réponde autrement. Polos a dit que cet aveu avait

Philosophie Se souvenir de l'étymologie du mot : φιλο « philo » (amour de) et σοφια « sophia » (sagesse).

Par le chien
Il s'agit d'Anubis, dieu égyptien à tête de chacal (ou de chien).

réduit Gorgias à se contredire, et que c'est justement cela que tu cherches. Là-dessus Polos s'est moqué de toi, et à juste titre, à mon avis.

Et voilà que Polos s'est mis lui-même dans le même cas que Gorgias, et, pour ma part, je ne saurais l'approuver de t'avoir accordé qu'il est plus laid de commettre l'injustice que de la subir. C'est à la suite de **(482e)** cette concession que tu as pu l'empêtrer dans tes raisonnements et lui fermer la bouche parce qu'il n'a pas osé parler suivant sa pensée. Au fond, Socrate, c'est toi qui, tout en protestant que tu cherches la vérité, te comportes comme un orateur populaire et diriges la conversation sur ce qui est beau, non selon la nature, mais selon la loi.

Selon Calliclès, loi et nature, droit et force s'opposent

Or, le plus souvent, la **nature et** la **loi** s'opposent l'une à l'autre. Si donc, par pudeur, **(483a)** on n'ose pas dire ce qu'on pense, on est forcé de se contredire. C'est un secret que tu as découvert, toi aussi, et tu t'en sers pour dresser des pièges dans la dispute. Si on parle en se référant à la loi, tu interroges en te référant à la nature, et si on parle de ce qui est dans l'ordre de la nature, tu interroges sur ce qui est dans l'ordre de la loi. C'est ainsi, par exemple, qu'à propos de l'injustice commise et subie, tandis que Polos parlait de ce qu'il y a de plus laid selon la loi, tu poursuivais la discussion en te référant à la nature. Car, selon la nature, tout ce qui est plus mauvais est aussi plus laid, comme de souffrir l'injustice, tandis que, selon la loi, c'est la commettre. **(483b)** Ce n'est même pas le fait d'**un homme** de subir l'injustice, c'est le fait d'un esclave, pour qui la mort est plus avantageuse que la vie et qui, lésé et bafoué, n'est pas en état de se défendre, ni de défendre ceux auxquels il s'intéresse. Mais, selon moi, les lois sont faites pour les faibles et par le grand nombre. C'est pour eux et dans leur intérêt qu'ils les font et

Nature et loi
L'opposition de la nature et de la loi était un thème de discussion et d'exercice oratoire courant chez les Grecs. On la retrouve, entre autres, chez les sophistes et les auteurs tragiques. Ici, la loi désigne la loi positive ou règle institutionnalisée, donc instaurée par les hommes.

Un homme C'est de l'homme libre dont il est question ici et non de l'homme en général.

qu'ils distribuent les éloges ou les blâmes ; et, pour effrayer les plus forts, **(483c)** ceux qui sont capables d'avoir l'avantage sur eux, pour les empêcher de l'obtenir, ils disent qu'il est honteux et injuste d'ambitionner plus que sa part et que c'est en cela que consiste l'injustice, à vouloir posséder plus que les autres ; quant à eux, j'imagine qu'ils se contentent de se croire égaux à ceux qui valent mieux qu'eux.

Ordre de la loi
Référence à l'isonomie, qui signifie « égalité devant la loi »; elle était le fondement de la démocratie grecque.

Voilà pourquoi, dans l'**ordre de la loi**, on déclare injuste et laide l'ambition d'avoir plus que le commun des hommes, et c'est ce qu'on appelle *injustice*. Mais je vois que la nature elle-même proclame qu'il est juste que **(483d)** le meilleur ait plus que le pire et le plus puissant que le plus faible. Elle nous montre par mille exemples qu'il en est ainsi et que non seulement dans le monde animal, mais encore dans le genre humain, dans les cités et les races entières, on a jugé que la justice voulait que le plus fort commande au moins fort et soit mieux pourvu que lui. De quel droit, en effet, Xerxès* a-t-il porté la guerre en Grèce et son père en

Scythie Ancien pays du nord-est de l'Europe selon les Grecs.

Scythie, sans parler **(483e)** d'une infinité d'autres exemples du même genre qu'on pourrait citer ? Mais ces gens-là, je pense, agissent selon la véritable nature du droit et, par Zeus, selon la loi de la nature, mais non peut-être selon la loi établie par les hommes. Nous formons les meilleurs et les plus forts d'entre nous, que nous prenons en bas âge, comme des lionceaux, pour les asservir par des formules magiques et des sortilèges, **(484a)** en leur disant qu'il faut respecter l'égalité et que c'est en cela que consistent le beau et le juste. Mais qu'il paraisse un homme d'une nature assez forte pour secouer et briser ces entraves et s'en échapper, je suis sûr que, foulant aux pieds nos écrits, nos sortilèges, nos incantations et toutes les lois contraires à la nature, il se révoltera, et que nous verrons apparaître notre maître dans cet homme qui était notre esclave ; et alors le droit de la nature brillera dans tout son éclat. **(484b)**

Il me semble que Pindare* met en lumière ce que
j'avance dans l'**ode** où il dit : « La loi, reine du monde,
des mortels et des immortels. Cette loi, ajoute-t-il, jus-
tifiant les actes les plus violents, mène tout de sa main
toute-puissante. J'en juge par les actions d'Héraclès*,
puisque, sans les avoir achetés [...]. » Voici à peu près
son idée, car je ne sais pas l'ode par coeur ; mais le
sens est que, sans avoir acheté ni reçu en présent les
boeufs de Géryon, Héraclès les a emmenés, estimant
que le droit naturel était pour lui **(484c)** et que les
boeufs et tous les biens des faibles et des petits appar-
tiennent au meilleur et au plus fort.

La philosophie a néanmoins une certaine utilité, selon Calliclès

Voilà la vérité, tu le reconnaîtras, si, laissant de côté la
philosophie, tu passes à des occupations plus importantes. La philosophie, Socrate, est certainement
pleine de charme, lorsqu'on s'y adonne modérément
dans la jeunesse, mais si on s'y attarde plus qu'il ne
faut, c'est la ruine qui vous attend. En effet, si bien
doué qu'on soit, quand on continue à philosopher
jusqu'à un âge avancé, on reste nécessairement ignorant dans tout ce qu'il faut savoir, **(484d)** si on veut
être un honnête homme et se faire une réputation. Et,
en effet, on n'entend rien aux lois de l'État et au langage qu'il faut tenir pour traiter avec les hommes dans
les rapports privés et publics ; on n'a aucune expérience des plaisirs et des passions, en un mot, des
caractères des hommes. Aussi lorsqu'on se mêle de
quelque affaire privée ou publique, on prête à rire,
(484e) de même que les hommes politiques, j'imagine,
lorsqu'ils se mêlent à vos entretiens et à vos disputes,
se couvrent eux aussi de ridicule.

Il arrive alors, comme dit Euripide*, que : « Chacun
brille et se porte à l'art dans lequel il se surpasse lui-
même et il y consacre la meilleure partie du jour. »
(485a) Mais celui dans lequel on est médiocre, on l'évite

Ode Poème destiné à
être chanté accompagné
de musique.

Fragment (169) d'un
poème perdu de Pindare.

Boeufs de Géryon
Géryon était un géant à
trois têtes. Il possédait un
troupeau de boeufs dont,
lors de l'un de ses
exploits, Héraclès s'est
emparé après avoir tué
Géryon.

Sur l'apprentissage de la
philosophie, Calliclès partage une opinion répan-
due dans l'élite sociale :
formatrice pour les jeunes
mais inutile, voire nuisible, à l'âge adulte.

Vers de l'*Antiope* d'Euripide, pièce dont il ne subsiste que des fragments.

et on le critique, tandis qu'on vante l'autre, par amour-propre, croyant par là se louer soi-même. Mais, à mon avis, le mieux est de prendre connaissance des deux. Il est beau d'étudier la philosophie dans la mesure où elle sert à l'instruction et il n'y a pas de honte pour un jeune garçon à philosopher, mais lorsqu'on continue à philosopher dans un âge avancé, la chose devient ridicule, **(485b)** Socrate, et, pour ma part, j'éprouve à l'égard de ceux qui cultivent la philosophie un sentiment très voisin de celui que m'inspirent les gens qui balbutient et font les enfants. Quand je vois un petit enfant, à qui cela convient encore, balbutier et jouer, cela m'amuse et me paraît charmant, digne d'un homme libre et convenant à cet âge, tandis que si j'entends un bambin causer avec netteté, cela me paraît choquant, me blesse l'oreille et j'y vois quelque chose de servile. Mais si c'est un homme fait qu'on entend ainsi balbutier **(485c)** et qu'on voit jouer, cela semble ridicule, indigne d'un homme, et mérite le fouet.

C'est exactement le même sentiment que j'éprouve à l'égard de ceux qui s'adonnent à la philosophie. J'aime la philosophie chez un adolescent, cela me paraît convenable et dénote à mes yeux un homme libre. Celui qui la néglige me paraît au contraire avoir une âme basse, qui ne se croira jamais capable d'une action belle et généreuse. Mais quand je vois un homme déjà vieux **(485d)** qui philosophe encore et ne renonce pas à cette étude, je tiens, Socrate, qu'il mérite le fouet. Comme je le disais tout à l'heure, un tel homme, si parfaitement doué qu'il soit, se condamne à n'être plus un homme, en fuyant le coeur de la cité et les assemblées où, comme dit le **poète**, les hommes se distinguent, et en passant toute sa vie dans la retraite à chuchoter dans un coin avec trois ou quatre jeunes garçons, **(485e)** sans que jamais il sorte de sa bouche aucun discours libre, grand et généreux.

Pour ma part, Socrate, je suis fort bien disposé envers toi, et il me semble que ta présence éveille en

---

Les enfants d'esclaves n'allant pas à l'école et travaillant très jeunes parlaient précocement comme des adultes alors que les enfants de parents libres jouissaient normalement de leur condition d'enfance et avaient tout loisir de babiller.

Le poète Il s'agit d'Homère, au chant XI de l'*Iliade*.

Moquerie fréquente adressée à Socrate par ses contemporains ridiculisant sa manière d'être et d'agir.

moi les mêmes sentiments que Zéthos éprouvait à
l'égard d'Amphion, chez Euripide, que je viens justement de citer. J'ai envie de te donner des conseils
pareils à ceux que Zéthos adressait à son frère et de te
dire que tu négliges, Socrate, ce qui devrait t'occuper,
« que tu déformes ton naturel si généreux par un
déguisement puéril, **(486a)** que, dans les délibérations
relatives à la justice, tu ne saurais apporter une juste
parole, ni saisir le vraisemblable et le persuasif, ni
donner un conseil généreux ». Et cependant, mon
cher Socrate, — ne te fâche pas contre moi, c'est l'amitié que j'ai pour toi qui me fait parler —, ne te paraît-il
pas honteux d'être dans l'état où je te vois, toi et tous
ceux qui poussent toujours plus loin leur étude de la
philosophie ? En ce moment même, si on t'arrêtait, toi
ou tout autre de tes pareils, et si on te traînait en prison, en t'accusant d'un crime que tu n'aurais pas commis, **(486b)** tu sais bien que tu serais fort embarrassé
de ta personne, que tu perdrais la tête et resterais bouche bée sans savoir que dire, et que, lorsque tu com-
paraîtrais devant le Tribunal, quelque vil et méprisable
que soit ton accusateur, tu serais mis à mort, s'il lui
plaisait de réclamer cette peine. Or qu'y a-t-il de sage,
Socrate, dans un art qui « prenant un homme bien
doué le rend pire », impuissant à se défendre et à sauver des plus grands dangers, soit lui-même, soit tout
autre, qui l'expose à être dépouillé de tous ses biens
par ses ennemis **(486c)** et à vivre absolument sans honneur dans sa patrie ? Un tel homme, si on peut user de
cette expression un peu rude, on a le droit de le gifler
impunément.

Crois-moi donc, mon bon ami, renonce à tes **argu-
ties**, cultive la belle science des affaires, exerce-toi à ce
qui te donnera la réputation d'un habile homme ;
« laisse à d'autres ces gentillesses », de quelque nom,
radotages ou *niaiseries*, qu'il faille les appeler, « qui te
réduiront à habiter une maison vide. Prends pour
modèle non pas des gens qui ergotent sur ces bagatelles,

Zéthos et Amphion sont
des personnages d'une
pièce d'Euripide. Frères
jumeaux, l'un pratiquait
la chasse, l'autre la musique. Une scène célèbre
faisait se confronter les
deux frères, chacun van-
tant son mode de vie et
pressant l'autre de
l'adopter.

Argutie Raisonnement
pointilleux.

(486d) mais ceux qui ont du bien, de la réputation et mille autres avantages. »

Calliclès, un interlocuteur de choix aux yeux de Socrate

SOCRATE : Si mon âme était d'or, Calliclès, ne crois-tu pas que je serais bien aise de trouver une de ces pierres avec lesquelles on **teste l'or**, la meilleure, pour en approcher mon âme, de façon que, si elle me confirmait que mon âme a été bien soignée, je sois assuré que je suis en bon état et que je n'ai plus besoin d'aucune autre épreuve ?

CALLICLÈS : Pourquoi me demandes-tu cela, **(486e)** Socrate ?

SOCRATE : Je vais te le dire : c'est que je pense avoir fait, en te rencontrant, cette heureuse trouvaille.

CALLICLÈS : Comment cela ?

SOCRATE : J'ai la certitude que, si tu tombes d'accord avec moi sur les opinions de mon âme, elles seront de ce fait absolument vraies. Je remarque en effet que, pour examiner comme il faut si une âme vit bien ou mal, **(487a)** il faut avoir trois qualités, que tu réunis toutes les trois : le savoir, la bienveillance et la franchise. Je rencontre souvent des gens qui ne sont pas capables de me mettre à l'épreuve, parce qu'ils ne sont pas savants comme toi ; d'autres sont savants, mais ne veulent pas me dire la vérité parce qu'ils ne s'intéressent pas à moi, comme tu le fais. Quant à ces deux étrangers, Gorgias et Polos, ils sont savants **(487b)** et bien disposés envers moi tous les deux, mais leur franchise n'est pas assez hardie et ils sont par trop timides. Comment en douter, quand ils portent la timidité au point qu'ils se résignent à se contredire l'un l'autre par fausse honte en présence de nombreux assistants, et cela sur les objets les plus importants ?

Toi, au contraire, tu as toutes ces qualités qui manquent aux autres : tu as reçu une solide instruction, comme beaucoup d'Athéniens pourraient l'attester, et

Tester l'or Référence à la pierre de Lydie qui permettait de tester la teneur en or d'un objet.

tu as de la bienveillance pour moi. Qu'est-ce qui me le prouve? Je vais te le dire. **(487c)** Je sais, Calliclès, que vous vous êtes associés à quatre pour cultiver la philosophie, toi, Tisandre d'Aphidna, Andron, fils d'Androtion, et Nausicyde de Colarge, et je vous ai entendus un jour délibérer sur le point jusqu'où il faut pousser cette étude. Je sais que l'opinion qui a prévalu parmi vous a été qu'il ne fallait pas s'y adonner jusqu'à en épuiser la matière, et que vous vous êtes conseillé les uns aux autres de prendre garde **(487d)** à ne pas vous corrompre à votre insu, en devenant plus savants qu'il ne convient. Aussi, quand je t'entends me donner les mêmes conseils qu'à tes plus intimes camarades, je tiens cela pour une preuve décisive que tu es vraiment bien disposé envers moi. Tu es avec cela capable de parler franchement et sans fausse honte, tu l'affirmes toi-même, et le discours que tu as tenu tout à l'heure le confirme.

On sait peu de choses de ces trois jeunes gens sinon qu'ils appartenaient à la classe aisée, la même que Calliclès, étaient ambitieux et suivaient probablement l'enseignement des sophistes

Voilà donc un point visiblement éclairci à présent: ce que tu m'accorderas dans la discussion **(487e)** sera dès lors considéré comme **suffisamment admis de part et d'autre** et il ne sera plus nécessaire de le soumettre à un nouvel examen. En effet, si tu me l'accordes, ce ne sera assurément pas par manque de savoir ou par excès de timidité et tu ne me feras pas non plus de concession pour me tromper. Puisque tu es mon ami, c'est toi-même qui l'affirmes. Ainsi donc toute entente entre toi et moi sera par le fait la preuve que nous aurons atteint l'exacte vérité.

Suffisamment admis de part et d'autre Condition souvent rappelée par Socrate pour une discussion dialectique rigoureuse.

Or de tous les sujets de discussion, Calliclès, le plus beau est celui que tu m'as reproché, qui est de savoir ce que l'homme doit être, à quoi il doit s'appliquer **(488a)** et jusqu'à quel point, soit dans la vieillesse, soit dans la jeunesse. Pour ma part, si je fais quelque **faute** de conduite, sois sûr que ce n'est pas volontairement, mais par ignorance. Ne cesse donc pas de me donner des avis, comme tu as si bien commencé; indique-moi nettement quelle est cette profession que je dois

Faute Nul ne fait le mal volontairement; toute faute est le fait de l'ignorance. Ce sont les deux idées directrices de Socrate.

embrasser et de quelle manière je peux y réussir et, si tu trouves qu'après t'avoir donné mon acquiescement aujourd'hui, je ne fais pas dans la suite ce que je t'aurai concédé, tiens-moi pour un lâche **(488b)** et refuse-moi alors tout conseil, comme à un homme qui n'est bon à rien.

Mais reprenons les choses au commencement. Qu'entendez-vous, Pindare et toi, par *la justice selon la nature*? Est-ce le droit qu'aurait le plus puissant de prendre par force les biens du plus faible, ou le meilleur de commander au moins bon, ou celui qui vaut plus d'avoir plus que celui qui vaut moins? Te fais-tu de la justice une autre idée, ou ma mémoire est-elle fidèle?

CALLICLÈS : Oui, c'est cela que j'ai dit alors et que je dis encore.

La puissance n'est pas affaire de force

SOCRATE : Mais est-ce le même homme que tu appelles *meilleur et plus puissant*? **(488c)** Je n'ai pas su comprendre alors ce que tu voulais dire. Est-ce les plus forts que tu appelles *meilleurs* et faut-il que les plus faibles obéissent au plus fort, comme tu l'as laissé entendre, je crois, en disant que les grands États attaquent les petits en vertu du droit naturel, parce qu'ils sont plus puissants et plus forts, ce qui suppose que *plus puissant*, *plus fort* et *meilleur*, c'est la même chose, ou bien se peut-il qu'on soit meilleur, tout en étant plus petit et plus faible, et qu'on soit plus puissant, tout en étant plus mauvais? Ou bien la définition du meilleur et du plus puissant est-elle la même? **(488d)** C'est cela même que je te prie de définir en termes précis : y a-t-il identité ou différence entre *plus puissant*, *meilleur* et *plus fort*?

CALLICLÈS : Eh bien, je te déclare nettement que c'est la même chose.

SOCRATE : Dans l'ordre de la nature, le grand nombre n'est-il pas **plus puissant** que l'homme isolé, puisqu'il fait les lois contre l'individu, comme tu le disais tout à l'heure?

Calliclès avait utilisé les termes *meilleur* et *puissant* sans préciser en quel sens il les entendait, c'est-à-dire d'un point de vue quantitatif ou qualitatif.

Plus puissant Au sens de supérieur en pouvoir.

CALLICLÈS : Sans contredit.

SOCRATE : Alors les lois du grand nombre sont celles des plus puissants?

CALLICLÈS : Assurément. **(488e)**

SOCRATE : Donc aussi des meilleurs, puisque les plus puissants sont les meilleurs d'après ton aveu?

CALLICLÈS : Oui.

SOCRATE : Donc leurs lois sont belles selon la nature, étant celles des plus puissants?

CALLICLÈS : Oui.

SOCRATE : Or le grand nombre ne pense-t-il pas, comme tu le disais aussi tout à l'heure, que la justice consiste dans l'**égalité** et qu'il est plus laid de commettre l'injustice que de la subir? **(489a)** Est-ce vrai, oui ou non? Et prends garde d'être pris ici, toi aussi, en flagrant délit de mauvaise honte. Le grand nombre pense-t-il, oui ou non, qu'il est juste d'avoir autant, mais pas plus que les autres, et qu'il est plus laid de commettre l'injustice que de la subir? Ne refuse pas de me répondre là-dessus, Calliclès, afin que, si tu es de mon avis, je m'affermisse dès lors dans mon sentiment par l'aveu de quelqu'un qui sait discerner le vrai du faux.

Égalité Il s'agit de l'égalité devant la loi (isonomie).

CALLICLÈS : Eh bien oui, c'est là ce que pense le grand nombre.

SOCRATE : Ce n'est donc pas seulement en vertu de la loi qu'il est plus laid de commettre l'injustice que de la subir **(489b)** et que la justice est dans l'égalité, c'est aussi selon la nature. Il se pourrait donc que tu n'aies pas dit la vérité précédemment et que tu m'aies accusé à tort quand tu as dit que la loi et la nature sont en contradiction et que, sachant cela, j'étais de mauvaise foi dans les discussions, renvoyant à la loi ceux qui parlaient suivant la nature et à la nature ceux qui parlaient suivant la loi.

CALLICLÈS : Cet homme-là ne cessera jamais de perdre son temps en balivernes. Dis-moi, Socrate, n'as-tu pas honte, à ton âge, de faire la chasse aux mots, et de considérer un lapsus **(489c)** comme une aubaine?

T'imagines-tu que par *les plus puissants* j'entende autre chose que *les meilleurs*? Ne t'ai-je pas déjà dit que, pour moi, *plus puissant* et *meilleur*, c'est la même chose? Supposes-tu parce qu'un ramassis d'esclaves et de gens de toute provenance, sans autre mérite peut-être que leur force physique, se seront assemblés et auront prononcé telle ou telle parole, que je prenne ces paroles pour des lois?

SOCRATE : Soit, très savant Calliclès. C'est ainsi que tu l'entends? **(489d)**

CALLICLÈS : Exactement.

SOCRATE : Eh bien, mon excellent ami, je me doutais bien moi-même depuis longtemps que tu prenais le mot *plus puissant* dans ce sens-là et, si je répète ma question, c'est que je suis impatient de savoir nettement ce que tu penses. Tu ne crois pas apparemment que deux hommes soient meilleurs qu'un seul, ni tes esclaves meilleurs que toi, parce qu'ils sont plus forts que toi. Dis-moi donc, en reprenant au commencement, ce que tu entends par *les meilleurs*, puisque ce ne sont pas les plus forts. Seulement, merveilleux Calliclès, fais-moi la leçon plus doucement, pour que je ne m'enfuie pas de ton école. **(489e)**

CALLICLÈS : Tu te moques de moi, Socrate.

SOCRATE : Non, Calliclès, j'en jure par Zéthos, dont tu t'es servi amplement tout à l'heure pour me railler. Allons, dis-moi quels sont ceux que tu appelles *les meilleurs*.

CALLICLÈS : Ceux qui valent mieux.

La puissance n'est pas affaire d'intelligence

SOCRATE : Ne vois-tu donc pas que, toi aussi, tu te bornes à des mots et que tu n'expliques rien? Veux-tu me dire si par *les meilleurs* et *les plus puissants* tu entends *les plus intelligents* ou d'autres?

CALLICLÈS : Oui, par Zeus, ce sont ceux-là que j'entends, sans aucun doute.

SOCRATE : Il arrive donc souvent, d'après toi, qu'un seul homme intelligent soit plus puissant que des milliers

Propos ironique de Socrate suggérant qu'il reçoit un enseignement de son interlocuteur.

d'hommes **(490a)** déraisonnables. C'est à lui qu'il appartient de commander, aux autres d'obéir et celui qui commande doit avoir plus que ceux qui sont commandés. Voilà, il me semble, ce que tu veux dire — et je ne fais pas la chasse à tel ou tel mot — s'il est vrai qu'un seul soit plus puissant que des milliers.

CALLICLÈS : Oui, c'est cela que je veux dire. Pour moi, le droit selon la nature, c'est que le meilleur et le plus intelligent commande aux médiocres et qu'il ait une plus grosse part.

SOCRATE : Arrête un peu. **(490b)** Que peux-tu bien dire encore à ceci ? Suppose que nous soyons, comme à présent, beaucoup d'hommes réunis au même endroit et que nous disposions en commun d'une abondante provision de nourriture et de boisson, que notre groupe soit composé de toutes sortes de gens, les uns forts, les autres faibles, et que l'un d'entre nous, en qualité de médecin, s'entende mieux que les autres en ces matières, tout en étant, comme il est vraisemblable, plus fort que les uns, plus faible que les autres, n'est-il pas vrai que ce médecin, étant plus savant que nous, sera meilleur et plus puissant dans cette circonstance ?

CALLICLÈS : Assurément.

SOCRATE : Cela étant, **(490c)** devra-t-il, parce qu'il est meilleur, prendre de ces vivres une plus large part que nous, ou bien, par le fait qu'il commande, n'est-ce pas à lui de faire la répartition de toute la provision ? Et pour ce qui est de la consommation et de l'usage de ces vivres pour l'entretien de sa propre personne, ne doit-il pas s'abstenir de prendre plus que les autres, sous peine d'être incommodé, tandis que certains auront une plus large part, les autres une moindre que lui ? Et s'il est par hasard le plus faible de tous, ne doit-il pas avoir, bien qu'il soit le meilleur, la plus petite part de toutes ? N'en est-il pas ainsi, mon bon ami ?

CALLICLÈS : Tu me parles de vivres, de boissons, de médecins et autres sottises. **(490d)** Ce n'est pas de cela que je te parle, moi.

Ce reproche fait à Socrate de parler de choses triviales et banales est fréquent chez les interlocuteurs et revient souvent dans les dialogues de Platon.

SOCRATE : Quoi qu'il en soit, n'est-ce pas le plus intelligent que tu appelles *le meilleur*, oui ou non?

CALLICLÈS : Oui.

SOCRATE : Et ne dis-tu pas que le meilleur doit avoir plus?

CALLICLÈS : Oui, mais pas en fait de vivres et de boissons.

SOCRATE : J'entends, mais en fait de vêtements, peut-être. Le plus habile à tisser doit-il avoir le plus ample manteau et promener par la ville les plus nombreux et les plus beaux vêtements?

CALLICLÈS : Que viens-tu nous chanter avec tes vêtements?

SOCRATE : Et pour les chaussures, il est clair que la plus grosse part doit revenir à celui qui s'y connaît le mieux et le meilleur en cette matière. **(490e)** Peut-être le cordonnier doit-il circuler avec de plus grandes chaussures et en plus grand nombre que les autres?

CALLICLÈS : Qu'ai-je à faire de ces chaussures? Tu parles pour ne rien dire.

SOCRATE : Eh bien, si ce n'est pas cela que tu as en vue, c'est peut-être le cas d'un laboureur bien doué, qui s'y connaît à la perfection au travail de la terre. Peut-être doit-il avoir plus de semences que les autres et en employer autant qu'il est possible pour ensemencer ses terres?

CALLICLÈS : Comme tu rebats toujours les mêmes choses, Socrate!

SOCRATE : Non seulement les mêmes choses, Calliclès, mais encore sur les mêmes sujets.

CALLICLÈS : Par les dieux, **(491a)** tu ne cesses vraiment jamais de parler de cordonniers, de **foulons**, de cuisiniers, de médecins, comme s'il était question entre nous de ces gens-là.

SOCRATE : Ne veux-tu pas me dire enfin en quel ordre de choses le plus puissant et le plus intelligent aura droit à une plus forte part que les autres? Refuses-tu à la fois d'accepter mes suggestions et de parler toi-même?

Foulon Ouvrier qui presse les tissus de laine de façon à leur donner de l'épaisseur.

Pour l'aristocrate Calliclès, ces gens sont évidemment des êtres socialement inférieurs, comme tous ceux qui pratiquent des métiers manuels ou s'adonnent à des activités commerciales.

CALLICLÈS : Mais je parle, et depuis longtemps. Tout d'abord, par *les plus puissants*, je n'entends pas les cordonniers, ni les cuisiniers, **(491b)** mais les hommes qui s'entendent à diriger comme il faut les affaires de l'État, et qui sont non seulement intelligents, mais encore courageux, parce qu'ils sont capables d'exécuter ce qu'ils ont conçu et ne se découragent pas par faiblesse d'âme.

SOCRATE : Te rends-tu compte, excellent Calliclès, combien sont différents les reproches que tu me fais et ceux que j'ai à t'adresser ? Tu prétends, toi, que je dis toujours les mêmes choses et tu m'en fais un crime. Moi, je te reproche, au contraire, de ne jamais dire les mêmes choses sur les mêmes sujets, **(491c)** mais d'appeler *meilleurs* et *plus puissants* d'abord les plus forts, puis les plus sages, et d'en apporter à ce moment encore une autre définition, car ce sont des gens courageux que tu nous donnes pour les plus puissants et les meilleurs. Allons, mon bon, dis-moi une fois pour toutes quels peuvent bien être ceux que tu qualifies de meilleurs et de plus puissants et relativement à quoi ils le sont.

CALLICLÈS : Mais je l'ai déjà dit : ce sont ceux qui s'entendent aux affaires publiques et qui sont courageux. **(491d)** C'est à ceux-là qu'il appartient de gouverner les États, et c'est justice qu'ils aient plus que les autres, les gouvernants devant avoir plus que les gouvernés.

Pouvoir sur autrui ou pouvoir sur soi-même ?

SOCRATE : Mais quoi, par rapport à eux-mêmes, sont-ils gouvernants ou gouvernés ?

CALLICLÈS : Que veux-tu dire ?

SOCRATE : Je veux dire que chacun **se commande** lui-même. Ou bien est-ce inutile de se commander soi-même et suffit-il de commander les autres ?

CALLICLÈS : Qu'entends-tu par *se commander soi-même* ?

SOCRATE : Rien de compliqué. J'entends, comme tout le monde, être **tempérant** et maître de soi **(491e)** et commander en soi aux plaisirs et aux passions.

Se commander Au sens d'avoir la maîtrise de soi.

Tempérant Qui sait user de modération dans la satisfaction de ses désirs, personne raisonnable.

CALLICLÈS : Que tu es plaisant! Ce sont les imbéciles que tu appelles *tempérants*.

SOCRATE : Comment cela! Qui ne voit pas que ce n'est pas d'eux que je parle?

La puissance selon Calliclès

CALLICLÈS : C'est d'eux très certainement, Socrate. Comment, en effet, un homme pourrait-il être heureux, s'il est esclave de quelqu'un? Mais voici ce qui est **beau** et **juste** suivant la nature, je te le dis en toute franchise, c'est que, pour **bien** vivre, il faut laisser libre cours à ses passions aussi grandes soient-elles, au lieu de les réprimer, et, **(492a)** quand elles ont atteint toute leur force, être capable de leur donner satisfaction par son courage et son intelligence et de satisfaire tous ses désirs à mesure qu'ils naissent.

Mais cela n'est pas, je suppose, à la portée du premier venu. De là vient qu'il décrie les gens qui en sont capables, parce qu'il a honte de lui-même et veut cacher sa propre impuissance. Il dit que l'intempérance est une chose laide, essayant par là d'asservir ceux qui sont mieux doués par la nature, et, ne pouvant lui-même fournir à ses passions de quoi les contenter, il fait l'éloge de la tempérance **(492b)** et de la justice à cause de sa propre lâcheté. En revanche, pour ceux qui ont eu la chance de naître fils de roi, ou que la nature a fait capables de conquérir un commandement, une **tyrannie**, une **oligarchie**, peut-il y avoir véritablement quelque chose de plus honteux et de plus funeste que la tempérance? Tandis qu'il leur est loisible de jouir des biens de la vie sans que personne les en empêche, ils s'imposeraient eux-mêmes pour maîtres la loi, les propos, les censures de la foule! Et comment **(492c)** ne seraient-ils pas malheureux du fait de cette prétendue beauté de la justice et de la tempérance, puisqu'ils ne pourraient rien donner de plus à leurs amis qu'à leurs ennemis, et cela, quand ils sont les maîtres de leur propre cité? La vérité, que tu prétends chercher, Socrate, la voici : le

Beau, juste, bien
Reprise par Calliclès, mais dans un sens tout autre, des idées de beau, de bien et de juste (voir page 56).

Tyrannie, oligarchie
Alors que la tyrannie désigne le pouvoir d'un seul individu, l'oligarchie désigne le pouvoir exercé par un petit nombre. Ces deux formes de pouvoir illégitime sont par définition contraires à la démocratie.

luxe, le dérèglement et la liberté, quand ils sont soutenus par la force constituent la **vertu** et le bonheur ; le reste, toutes ces belles idées, ces conventions contraires à la nature, ne sont que niaiseries et néant. **(492d)**

Vertu Excellence.

SOCRATE : La franchise de ton exposé, Calliclès, dénote une belle audace : tu dis nettement, toi, ce que les autres pensent, mais ne veulent pas dire. Je te prie donc de ne rien relâcher de ton intransigeance, afin que nous puissions nous faire une idée vraiment claire de la façon dont il faut vivre. Et, dis-moi, tu soutiens qu'il ne faut pas maîtriser ses désirs, si on veut être tel qu'on doit être, mais les laisser grandir autant que possible et leur ménager par tous les moyens la satisfaction qu'ils demandent et que c'est en cela que consiste la vertu ? **(492e)**

CALLICLÈS : Je le soutiens en effet.

SOCRATE : On a donc tort de dire que ceux qui n'ont aucun besoin sont heureux.

CALLICLÈS : Oui, car, à ce compte, les pierres et les morts seraient très heureux.

L'idée que la vie sans plaisir est comme une petite mort se trouve aussi, entre autres, dans *Antigone* de Sophocle : « Là où manque le plaisir de vivre, le reste, en comparaison, ne vaut pas l'ombre d'une fumée. »

Réplique de Socrate

SOCRATE : Cependant, même à la manière dont tu me dépeins, la vie est une chose bien étrange. Au fait, je me demande si Euripide n'a pas dit la vérité dans le passage que voici : « Qui sait si vivre n'est pas mourir, / Et si mourir n'est pas vivre ? » Et il est possible que réellement nous soyons morts, **(493a)** comme je l'ai entendu dire à **un savant homme**, qui prétendait que notre vie actuelle est une mort, que notre corps est un tombeau et que cette partie de l'âme où résident les passions est de nature à changer de sentiment et à passer d'une extrémité à l'autre. Cette même partie de l'âme, un spirituel auteur de mythes, **un Sicilien**, je crois, ou un Italien, jouant sur les mots, l'a appelée *tonneau*, à cause de sa docilité et de sa crédulité ; il a appelé de même les hommes déraisonnables non initiés **(493b)** et cette partie de leur âme où sont les passions, partie déréglée,

Vers extraits d'une pièce perdue d'Euripide.

Un savant homme Il s'agit probablement du pythagoricien Philolaos. L'idée exprimée ici est empruntée à la doctrine pythagoricienne.

Un Sicilien Il est impossible d'identifier avec certitude ce personnage.

Platon joue ici sur la proximité phonologique de deux mots : πιθος « pithos » (tonneau) et πιθανός « pithanos » (docile).

Autre rapprochement entre les mots Αιδης « aidès » (Hadès) et αειδης « aéidès » (invisible).

incapable de rien garder, il l'a assimilée à un tonneau percé, à cause de sa nature insatiable. Contrairement à toi, Calliclès, cet homme nous montre que, parmi les habitants de l'Hadès* — il désigne ainsi l'invisible — les plus malheureux sont ces non-initiés, et qu'ils portent de l'eau dans des tonneaux percés avec une passoire trouée de même. Par cette passoire il entend l'âme, à ce que me disait celui qui me rapportait ces choses, **(493c)** et il assimilait à une passoire l'âme des hommes déraisonnables, parce qu'elle est percée de trous, et parce qu'infidèle et oublieuse, elle laisse tout écouler.

Allégorie Ensemble d'éléments descriptifs dont chacun correspond aux composantes d'une idée qu'elle prétend exprimer. Par exemple, l'allégorie de la caverne dans *La République* de Platon.

Cette **allégorie** a quelque chose d'assez bizarre, mais elle illustre bien ce que je veux te faire comprendre pour te persuader, si j'en suis capable, de changer d'idée et de préférer à une existence inassouvie et sans frein une vie réglée, contente et satisfaite de ce que chaque jour lui apporte.

Eh bien, ai-je ébranlé tes convictions et crois-tu maintenant que les gens réglés sont plus heureux **(493d)** que les gens déréglés, ou bien aurai-je beau te faire cent autres allégories du même genre sans que tu changes de vue pour cela?

CALLICLÈS : C'est cette seconde solution qui est la bonne, Socrate.

SOCRATE : Eh bien, laisse-moi te proposer une autre image sortie de la même école que la précédente. Considère si tu ne pourrais pas assimiler chacune de ces deux vies, la vie d'ordre et la vie désordonnée, au cas de deux hommes dont chacun possèderait de nombreux tonneaux, l'un des tonneaux en bon état et rempli, celui-ci de vin, **(493e)** celui-là de miel, un troisième de lait et beaucoup d'autres remplis d'autres liqueurs, toutes rares et coûteuses et acquises au prix de mille peines et de difficultés ; mais une fois ses tonneaux remplis, notre homme n'y verserait plus rien, ne s'en inquiéterait plus et serait tranquille à cet égard. L'autre aurait, comme le premier, des liqueurs qu'il pourrait se procurer, quoique avec peine, mais n'ayant que des tonneaux percés et fêlés, il serait forcé de les remplir jour et nuit sans relâche, **(494a)** sous peine des plus grands ennuis. Si tu admets que les deux vies sont pareilles au cas de ces deux hommes, est-ce que tu soutiendras que la vie de l'homme déréglé est plus heureuse que celle de l'homme réglé? Mon allégorie t'amène-t-elle à reconnaître que la vie réglée vaut mieux que la vie déréglée, ou n'es-tu pas convaincu?

CALLICLÈS : Je ne le suis pas, Socrate. L'homme aux tonneaux pleins n'a plus aucun plaisir, et c'est cela que j'appelais tout à l'heure *vivre à la façon d'une pierre*, puisque, quand il les a remplis, **(494b)** il n'a plus ni plaisir ni peine ; mais ce qui fait l'agrément de la vie, c'est d'y verser le plus qu'on peut.

SOCRATE : Mais si on y verse beaucoup, n'est-il pas nécessaire qu'il s'en écoule beaucoup aussi et qu'il y ait de larges trous pour les écoulements?

CALLICLÈS : Bien sûr.

SOCRATE : Alors, c'est la vie d'un **pluvier** que tu vantes, non celle d'un mort ni d'une pierre. Mais, dis-moi, ce que tu veux dire, c'est qu'il faut avoir faim, et, quand on a faim, manger?

CALLICLÈS : Oui.

SOCRATE : Et avoir soif, et, quand on a soif, se désaltérer? **(494c)**

CALLICLÈS : Oui, et qu'il faut avoir tous les autres désirs, pouvoir les satisfaire, et y trouver du plaisir pour vivre heureux.

Tous les désirs et tous les plaisirs ne se valent pas

SOCRATE : Fort bien, excellent Calliclès. Continue comme tu as commencé, et garde-toi de toute fausse honte. De mon côté, je ne dois pas non plus, il me semble, en montrer. Et d'abord, dis-moi si c'est vivre heureux, quand on a la gale et envie de se gratter, de se gratter à son aise et de passer sa vie à se gratter.

CALLICLÈS : Tu es absurde, Socrate, on te prendrait pour un véritable orateur populaire. **(494d)**

Pluvier Oiseau qui avait le réputation d'être glouton et de rejeter à mesure ce qu'il avalait.

SOCRATE : C'est ainsi, Calliclès, que j'ai déconcerté et intimidé Polos et Gorgias ; mais toi, il n'y a pas de danger que tu te déconcertes et sois intimidé, car tu es un brave. Réponds seulement.

CALLICLÈS : Je réponds donc qu'on peut, en se grattant, vivre agréablement.

SOCRATE : Donc heureusement, si on vit agréablement.

CALLICLÈS : Certainement.

SOCRATE : Les démangeaisons ne sont-elles agréables que sur la tête, **(494e)** ou dois-je pousser plus loin mon interrogation ? Vois, Calliclès, ce que tu aurais à répondre, si on t'interrogeait sur tout ce qui se rattache successivement à ce plaisir, et, pour ne citer que le cas le plus caractéristique, la vie d'un débauché n'est-elle pas affreuse, honteuse et misérable ? Oseras-tu dire que de pareilles gens sont heureux, s'ils ont en abondance ce qu'ils désirent ?

CALLICLÈS : Tu n'as pas honte, Socrate, d'amener la conversation sur de pareils sujets ?

SOCRATE : Est-ce donc moi qui l'y amène, mon brave, ou celui qui déclare ainsi sans plus de façon que le plaisir, quel qu'il soit, constitue le bonheur, **(495a)** et qui parmi les plaisirs, ne sépare pas les bons des mauvais ? Mais encore une fois dis-moi si tu maintiens que l'agréable et le bon sont la même chose, ou si tu admets qu'il y a des choses agréables qui ne sont pas bonnes.

CALLICLÈS : Pour ne pas être en contradiction avec ce que j'ai dit, en avouant qu'ils sont différents, je réponds qu'ils sont identiques.

SOCRATE : Tu ruines ce que tu as dit précédemment, Calliclès, et tu n'as plus qualité pour rechercher avec moi la vérité, si tu dois parler contre ta pensée. **(495b)**

CALLICLÈS : Tu en fais autant toi-même, Socrate.

SOCRATE : Si je le fais, j'ai tort, ainsi que toi. Mais réfléchis, bienheureux Calliclès. Peut-être que le bien ne consiste pas dans le plaisir, quel qu'il soit, car s'il en est ainsi, il est évident que nous aboutissons à ces

Rappel que la franchise et la liberté de pensée avaient déjà été posées par Socrate comme conditions nécessaires d'une recherche en commun digne de ce nom.

honteuses conséquences auxquelles je faisais allusion tout à l'heure et à beaucoup d'autres encore.

CALLICLÈS : Oui, à ce que tu crois du moins, Socrate.

SOCRATE : Mais toi, Calliclès, maintiens-tu réellement ton affirmation ? **(495c)**

CALLICLÈS : Oui.

SOCRATE : Alors, il faut la prendre au sérieux et la discuter ?

CALLICLÈS : Bien certainement.

SOCRATE : Eh bien, puisque telle est ton opinion, explique-moi ceci. Y a-t-il quelque chose que tu appelles le savoir ?

CALLICLÈS : Oui.

SOCRATE : N'as-tu pas dit tout à l'heure qu'une sorte de courage allait avec le savoir ?

CALLICLÈS : Je l'ai dit en effet.

SOCRATE : N'y voyais-tu pas deux choses distinctes, le courage étant différent du savoir ?

CALLICLÈS : Si, certainement.

SOCRATE : Et le plaisir et le savoir, sont-ils identiques ou différents ?

CALLICLÈS : Différents, je pense, **(495d)** ô le plus sage des hommes.

SOCRATE : Penses-tu que le courage aussi est différent du plaisir ?

CALLICLÈS : Sans doute.

SOCRATE : Eh bien, maintenant, tâchons de nous souvenir que Calliclès d'Acharnes a déclaré que l'agréable et le bon étaient la même chose, mais que la science et le courage étaient différents l'un de l'autre et différents du bien.

CALLICLÈS : Mais Socrate d'Alopékè n'en convient pas avec nous, n'est-ce pas ?

Calliclès est ici désigné avec le nom de la circonscription civique (dème) à laquelle il appartient, ce qui donne à ce passage l'allure d'un débat juridico-légal.

Calliclès répond sur le même registre.

Plaisir n'est pas synonyme de bien, ni peine de malheur

SOCRATE : Non, il n'en convient pas, **(495e)** et Calliclès non plus n'en conviendra pas, quand il aura bien soumis ce qu'il pense à l'examen. Dis-moi, en effet, ne crois-tu pas que le bonheur et le malheur sont deux états opposés?

CALLICLÈS : Si.

SOCRATE : Eh bien, s'ils sont opposés l'un à l'autre, ne sont-ils pas forcément dans le même rapport que la santé et la maladie? Car on n'est pas, n'est-ce pas, sain et malade tout à la fois, et on ne se débarrasse pas à la fois de la santé et de la maladie.

CALLICLÈS : Que veux-tu dire?

SOCRATE : Prends pour exemple la partie du corps qu'il te plaira et réfléchis. **(496a)** On peut avoir une maladie des yeux qu'on appelle *ophtalmie*?

CALLICLÈS : Sans contredit.

SOCRATE : On n'a pas, j'imagine, les yeux sains en même temps que malades.

CALLICLÈS : C'est absolument impossible.

SOCRATE : Mais quoi! Quand on se débarrasse de l'ophtalmie, se débarrasse-t-on aussi de la santé des yeux, et, à la fin, se trouve-t-on dépourvu de l'une et de l'autre?

CALLICLÈS : Pas du tout.

SOCRATE : Ce serait en effet, j'imagine, un prodige, une chose qui choquerait la raison, n'est-ce pas? **(496b)**

CALLICLÈS : Certainement.

SOCRATE : C'est alternativement, je pense, qu'on prend et qu'on perd l'une et l'autre.

CALLICLÈS : Oui.

SOCRATE : N'en est-il pas de même de la force et de la faiblesse?

CALLICLÈS : Si.

SOCRATE : Et de la vitesse et de la lenteur?

CALLICLÈS : Tout à fait.

SOCRATE : Et pour les biens et le bonheur et pour leurs contraires, les maux et le malheur, c'est alternativement qu'on reçoit, et alternativement qu'on quitte les uns et les autres?

CALLICLÈS : C'est absolument mon avis.

SOCRATE : Si donc nous trouvons certaines choses **(496c)** qu'on perde et qu'on possède en même temps,

il est clair que ces choses ne sauraient être le bien et le
mal. Sommes-nous d'accord là-dessus? Ne réponds
qu'après avoir bien réfléchi.

CALLICLÈS : J'en suis merveilleusement d'accord.

SOCRATE : Revenons maintenant aux points sur lesquels nous sommes tombés d'accord. Que soutenais-
tu? Que la faim est une chose agréable ou une chose
pénible? Je parle de la faim en soi.

CALLICLÈS : Que c'est une chose pénible, mais qu'il est
agréable de manger quand on a faim.

SOCRATE : Je comprends. **(496d)** Mais la faim en elle-
même est-elle pénible, ou ne l'est-elle pas?

CALLICLÈS : Elle l'est.

SOCRATE : Et la soif aussi?

CALLICLÈS : Très pénible.

SOCRATE : Continuerai-je mes questions ou conviens-
tu que tout besoin et tout désir sont pénibles?

CALLICLÈS : J'en conviens, cesse donc tes questions.

SOCRATE : Mais boire quand on a soif, est-ce agréable,
selon toi?

CALLICLÈS : Oui.

SOCRATE : Mais dans ce que tu viens de dire, les mots
quand on a soif équivalent sans doute à *quand on ressent
de la douleur*?

CALLICLÈS : Oui. **(496e)**

SOCRATE : Mais le fait de boire est la satisfaction du
besoin et un plaisir?

CALLICLÈS : Oui.

SOCRATE : Ainsi c'est dans le fait de boire qu'on ressent
du plaisir, dis-tu?

CALLICLÈS : Justement.

SOCRATE : Du moins quand on a soif?

CALLICLÈS : Oui.

SOCRATE : Donc quand on souffre?

CALLICLÈS : Oui.

SOCRATE : Aperçois-tu maintenant ce qui résulte de ce
raisonnement? Tu dis qu'on ressent à la fois du plaisir
et de la douleur, quand tu dis qu'on boit ayant soif.

Est-ce que cela ne se produit pas à la fois dans le même lieu et dans le même temps, soit dans l'âme, soit dans le corps, selon qu'il te plaira, car cela n'a aucune importance, à mon avis. Est-ce exact ou non?

CALLICLÈS : C'est exact.

SOCRATE : Cependant tu reconnais qu'il est impossible d'être à la fois heureux et malheureux.

CALLICLÈS : Je le reconnais en effet. **(497a)**

SOCRATE : D'autre part, tu as convenu qu'on pouvait être à la fois dans la peine et dans la joie.

CALLICLÈS : Évidemment.

SOCRATE : Il s'ensuit que la joie n'est pas le bonheur, ni la peine le malheur, de sorte que l'agréable se révèle différent du bien.

CALLICLÈS : Je ne saisis pas tes subtilités, Socrate.

SOCRATE : Tu les saisis fort bien mais, tu fais l'ignorant, Calliclès. Avançons encore un peu.

CALLICLÈS : Quelles sornettes as-tu à dire?

SOCRATE : Je veux te faire voir quel habile homme tu es, toi qui me fais des remontrances. Chacun de nous, **(497b)** du moment qu'il cesse d'avoir soif, ne cesse-t-il pas aussi de prendre plaisir à boire?

CALLICLÈS : Je ne sais pas ce que tu veux dire.

GORGIAS : Ne parle pas ainsi, Calliclès. Réponds plutôt, ne serait-ce que par égard pour nous, afin que notre discussion arrive à son terme.

CALLICLÈS : Mais Socrate est toujours le même : il vous pose un tas de petites questions insignifiantes jusqu'à ce qu'il vous ait réfuté.

GORGIAS : Que t'importe? En tout cas, tu n'as pas à les apprécier. Laisse Socrate argumenter comme il lui plaît. **(497c)**

CALLICLÈS : Alors fais tes menues et mesquines questions, puisque tel est l'avis de Gorgias.

SOCRATE : Tu es bien heureux, Calliclès, d'avoir été initié aux Grands **Mystères** avant de l'être aux Petits. Je ne croyais pas que cela était permis. Reprenons donc la discussion où tu l'as laissée et dis-moi si chacun de

Mystères Les Petits et les Grands Mystères étaient des formes secrètes de cultes accessibles uniquement à ceux qui avaient été initiés. La règle voulait qu'on soit d'abord initié aux Petits Mystères, préparatoires aux Grands.

nous ne cesse pas en même temps d'avoir soif et de sentir du plaisir.

CALLICLÈS : Je l'admets.

SOCRATE : De même pour la faim et les autres désirs, chacun ne cesse-t-il pas en même temps de sentir le désir et le plaisir?

CALLICLÈS : C'est vrai.

SOCRATE : Ne cesse-t-il pas aussi en même temps de sentir la peine et le plaisir? **(497d)**

CALLICLÈS : Si.

SOCRATE : C'est le contraire pour les biens et les maux : ils ne cessent pas en même temps. Tu l'as reconnu toi-même ; le reconnais-tu encore à présent?

CALLICLÈS : Oui, et après?

SOCRATE : C'est la preuve, mon ami, que le bien n'est pas la même chose que l'agréable, ni le mal que la douleur, puisque des uns, on est débarrassé en même temps, des autres non, car ils sont distincts. Dès lors comment l'agréable serait-il identique au bien et la douleur au mal?

Mais, si tu veux, considère encore la question de cette façon, car je crois bien que, même après la preuve que je viens d'en donner, tu es encore en désaccord avec moi. Vois donc : **(497e)** les bons, selon toi, ne sont-ils pas bons par la présence du bien, de même que les beaux, par la présence de la beauté?

CALLICLÈS : Si.

SOCRATE : Mais est-ce que ce sont les gens déraisonnables et les lâches que tu appelles *bons*? Ce n'étaient pas ceux-là tout à l'heure, mais les hommes courageux et intelligents que tu qualifiais de bons. N'est-ce pas ceux-ci que tu appelles *bons*?

CALLICLÈS : Certainement.

SOCRATE : Et maintenant, n'as-tu jamais vu un enfant sans raison éprouver de la joie?

CALLICLÈS : Si.

SOCRATE : Et n'as-tu pas encore vu d'homme déraisonnable qui soit joyeux?

CALLICLÈS : Je crois bien que si, mais où veux-tu en venir avec cette question?

SOCRATE : À rien. Réponds seulement.

CALLICLÈS : J'en ai vu. **(498a)**

SOCRATE : Ou, au contraire, un homme sensé dans la tristesse et dans la joie?

CALLICLÈS : Oui.

SOCRATE : Mais lesquels, des hommes déraisonnables ou des autres, ressentent plus vivement la joie et la douleur?

CALLICLÈS : Je crois qu'ils ne diffèrent pas beaucoup en cela.

SOCRATE : Cela me suffit. Et à la guerre, as-tu déjà vu un lâche?

CALLICLÈS : Sans doute.

SOCRATE : Eh bien, quand les ennemis se retiraient, lesquels t'ont paru les plus joyeux, les lâches ou les courageux?

CALLICLÈS : Les uns autant que les autres, **(498b)** ou à peu de chose près.

SOCRATE: La différence n'importe pas ; ce que je retiens, c'est que les lâches aussi se réjouissent.

CALLICLÈS : Oui, fortement.

SOCRATE : Et les hommes déraisonnables aussi, à ce qu'il semble.

CALLICLÈS : Oui.

SOCRATE: Et quand l'ennemi avance, les lâches en sont-ils péniblement affectés, ou les courageux le sont-ils aussi?

CALLICLÈS : Ils le sont tous.

SOCRATE : Également?

CALLICLÈS : Les lâches le sont peut-être davantage.

SOCRATE : Et quand l'ennemi se retire, ne sont-ils pas plus joyeux?

CALLICLÈS : Peut-être.

SOCRATE: Ainsi donc les hommes déraisonnables et ceux qui ne le sont pas, les lâches et les courageux, ressentent la douleur et la joie à peu près également, à ce que tu dis, **(498c)** et les lâches plus que les courageux?

CALLICLÈS : Oui.

SOCRATE : Mais les hommes raisonnables et les courageux sont bons, les lâches et les déraisonnables, méchants?

CALLICLÈS : Oui.

SOCRATE : Ainsi donc les bons et les méchants ressentent la joie et la douleur à peu près également?

CALLICLÈS : Oui.

SOCRATE : Alors les bons et les méchants sont-ils également bons et méchants, et les méchants sont-ils même meilleurs que les bons?

CALLICLÈS : Par Zeus, **(498d)** je ne sais pas ce que tu veux dire.

SOCRATE : Tu ne sais pas que tu as dit que les bons sont bons par la présence du bien, et les méchants, méchants par la présence du mal, et que les biens, ce sont les plaisirs, et les maux, les chagrins?

CALLICLÈS : Si.

SOCRATE : Ainsi ceux qui ressentent de la joie ont en eux le bien ou plaisir, puisqu'ils sont en joie?

CALLICLÈS : Sans aucun doute.

SOCRATE : Or, si le bien est présent en eux, ne rend-il pas bons ceux qui éprouvent de la joie?

CALLICLÈS : Si.

SOCRATE : Et ceux qui sont dans le chagrin n'ont-ils pas en eux des maux, des chagrins?

CALLICLÈS : Assurément.

SOCRATE : Or c'est, dis-tu, par la présence du mal **(498e)** que les méchants sont méchants. Maintiens-tu ton affirmation?

CALLICLÈS : Oui.

SOCRATE : En conséquence ceux qui sont dans la joie sont bons, et ceux qui sont dans le chagrin, mauvais?

CALLICLÈS : Certainement.

SOCRATE : Et ils le sont davantage si ces sentiments sont plus vifs, moins s'ils sont plus faibles, également s'ils sont égaux?

CALLICLÈS : Oui.

SOCRATE : Or, tu dis que la joie et la douleur sont à peu près égales chez les hommes raisonnables et ceux qui ne le sont pas, chez les lâches et les courageux, ou même plus vives chez les lâches?

CALLICLÈS : Oui.

SOCRATE : Maintenant résume de concert avec moi ce qui résulte de ce que nous avons admis ; car il est beau, dit-on, de répéter et de considérer deux ou trois fois les belles **(499a)** choses. Nous disons donc que le sage et le brave sont bons, n'est-ce pas?

Référence à un proverbe attribué à Empédocle*.

CALLICLÈS : Oui.

SOCRATE : Et mauvais, l'homme déraisonnable et le lâche?

CALLICLÈS : Sans doute.

SOCRATE : Et d'autre part que celui qui ressent de la joie est bon?

CALLICLÈS : Oui.

SOCRATE : Et mauvais celui qui ressent de la douleur?

CALLICLÈS : Nécessairement.

SOCRATE : Enfin que le bon et le méchant ont les mêmes douleurs et les mêmes joies, mais que peut-être le méchant en a davantage?

CALLICLÈS : Oui.

SOCRATE : Ainsi donc le méchant serait aussi méchant et bon que le bon, et même meilleur. **(499b)** Cette conclusion, comme les précédentes, n'est-elle pas nécessaire, si on soutient que l'agréable et le bon sont la même chose? Est-ce que ce ne sont pas des conséquences inéluctables, Calliclès?

Le bien n'est pas non plus synonyme d'utile

CALLICLÈS : Voilà bien longtemps que je t'écoute, Socrate, et que j'acquiesce à tes propositions, en me disant que, si on s'amuse à te faire la moindre concession, tu la saisis avec une joie d'enfant. Crois-tu donc que je ne juge pas, comme tout le monde, certains plaisirs comme meilleurs, certains autres comme plus mauvais?

SOCRATE : Oh! oh! Calliclès, que tu es rusé! **(499c)** Tu me traites en enfant : tu me dis tantôt que les choses sont d'une façon, tantôt d'une autre et tu cherches à me tromper. Je ne croyais pourtant pas au commencement que tu voudrais me tromper, car je te considérais comme un ami. Je suis déçu et je crois que je n'ai plus qu'à me contenter de ce que j'ai, comme dit le vieux proverbe, et à prendre ce que tu me donnes. Or ce que tu affirmes à présent, il me semble, c'est qu'il y a différents plaisirs, les uns bons, les autres mauvais, n'est-ce pas?

CALLICLÈS : Oui.

SOCRATE : Les plaisirs bons sont ceux qui sont utiles **(499d)** et les mauvais ceux qui sont nuisibles?

CALLICLÈS : Certainement.

SOCRATE : Mais les plaisirs utiles sont ceux qui procurent quelque bien, et les nuisibles ceux qui font du mal?

CALLICLÈS : Oui.

Socrate fait sienne, ici, une idée défendue par les sophistes et que Calliclès peut admettre facilement.

SOCRATE : Maintenant veux-tu parler de plaisirs comme les plaisirs corporels dont il était question tout à l'heure et qui consistent à manger et à boire? Parmi ces plaisirs, ne tiens-tu pas pour bons ceux qui procurent au corps la santé, la force ou toute autre qualité physique, et pour mauvais ceux qui produisent les effets contraires?

CALLICLÈS : Certainement. **(499e)**

SOCRATE : N'en est-il pas de même des souffrances, les unes étant bonnes, les autres mauvaises?

CALLICLÈS : Naturellement.

SOCRATE : Est-ce que ce ne sont pas les bons plaisirs et les bonnes souffrances qu'il faut préférer dans toutes nos actions?

CALLICLÈS : Assurément.

SOCRATE : Mais non les mauvais?

CALLICLÈS : Évidemment.

Il y a deux genres de vie : la vie de plaisir et la vie bonne

SOCRATE : Et en effet, si tu t'en souviens, nous avons reconnu, Polos et moi, que c'est sur le bien qu'il faut régler toute notre conduite. Es-tu, toi aussi, de notre avis, que le bien doit être la fin de toutes nos actions et qu'il faut tout faire en vue du bien, et non le bien en vue du reste? **(500a)** Ajoutes-tu ton suffrage à celui de Polos et au mien?

CALLICLÈS : Oui.

SOCRATE : Ainsi il faut tout faire, même l'agréable, en vue du bien, et non le bien en vue de l'agréable?

CALLICLÈS : Certainement.

SOCRATE : Mais appartient-il au premier venu de discerner parmi les choses agréables quelles sont les bonnes et quelles sont les mauvaises, ou bien est-ce le fait d'un homme expert en chaque genre?

CALLICLÈS : C'est le fait d'un expert.

SOCRATE : Rappelons-nous maintenant ce que je disais à Polos et à Gorgias. Je disais, en effet, si tu t'en souviens, **(500b)** qu'il y a certaines activités qui ne visent qu'au plaisir, ne procurent que lui et ignorent le meilleur et le pire, tandis que d'autres connaissent le bien et le mal, et je rangeais parmi celles qui ont pour objet le plaisir, la cuisine, qui est une routine et non un art, et parmi celles qui ont le bien pour objet, l'art de la médecine.

Au nom du dieu de l'amitié, Calliclès, ne crois pas qu'il te faille jouer avec moi et ne me réponds pas n'importe quoi contre ta pensée et ne prends pas non plus ce que je dirai pour un badinage. **(500c)** Tu vois, en effet, que la matière que nous discutons est la plus sérieuse qui puisse occuper un homme même d'intelligence médiocre, puisqu'il s'agit de savoir de quelle manière il faut vivre, s'il faut adopter le genre de vie auquel tu me convies et **agir en homme**, en parlant devant le peuple, en s'exerçant à la rhétorique et en pratiquant la politique comme vous le faites, vous autres, aujourd'hui, ou s'il faut s'adonner à la philosophie et en quoi ce genre de vie diffère du précédent. Peut-être le meilleur parti à prendre est-il ce que j'ai essayé de faire tout à l'heure, de les distinguer, **(500d)** et après les avoir distingués et avoir reconnu entre nous que ces deux genres de vie sont différents, d'examiner en quoi ils

Exhortation réitérée à Calliclès d'être sincère et bienveillant vue la gravité du sujet discuté.

Agir en homme Il s'agit, évidemment, de l'opinion généralement admise de ce qu'est un homme digne de ce nom aux yeux de l'élite.

diffèrent l'un de l'autre et lequel des deux il faut embrasser. Peut-être ne saisis-tu pas encore ce que je veux dire?
CALLICLÈS : Non, ma foi.
SOCRATE : Eh bien, je vais m'expliquer plus clairement.

Puisque nous avons admis, toi et moi, qu'il existe du bon et de l'agréable et que l'agréable est autre que le bon ; que, d'autre part, pour se procurer chacun d'eux, il y a une sorte d'exercice et de préparation, qui vise, l'une à l'agréable, l'autre au bon... Mais, sur ce point même, dis-moi d'abord si, oui ou non, tu es d'accord avec moi. L'es-tu? **(500e)**
CALLICLÈS : Oui.

Qu'en est-il de la flatterie?

SOCRATE : Maintenant reconnais aussi ce que je disais à Gorgias et à Polos, s'il te paraît que j'ai dit alors la vérité. Je leur disais à peu près ceci, que la cuisine ne me paraissait pas être un art, mais une routine, que la médecine, au contraire, **(501a)** est un art. Je me fondais sur ce que la médecine, quand elle soigne un malade, ne le fait que lorsqu'elle a étudié sa nature, qu'elle connaît les causes de ce qu'elle fait et peut rendre raison de chacune de ces deux choses, que telle est la médecine, au lieu que la cuisine, appliquée tout entière au plaisir, marche à son but absolument sans art, sans avoir examiné ni la nature ni la cause du plaisir, véritable aveugle qui ne distingue, pour ainsi dire, rien nettement et qui conserve seulement par la pratique et la routine le souvenir de ce qu'on fait d'habitude, et procure le plaisir par ce moyen. **(501b)**
Considère donc d'abord si cela te paraît exact et s'il n'y a pas aussi certaines autres professions du même genre qui se rapportent à l'âme, les unes relevant de l'art et soucieuses de pourvoir au plus grand bien de l'âme, les autres indifférentes à son bien et ne considérant, comme je le disais de la cuisine, que le plaisir de l'âme et le moyen de le lui procurer. **(501c)** Quant à distinguer parmi les plaisirs les meilleurs et les pires,

elles n'y prêtent aucune attention et n'ont d'autre souci que de faire plaisir, indifférentes au bien et au mal. Pour ma part, Calliclès, je pense qu'il existe de telles professions et j'affirme que leur but n'est que flatterie, qu'il s'agisse du corps ou de l'âme ou de tout autre objet auquel on veut procurer du plaisir, sans considérer si c'est à son avantage ou à son détriment. Mais toi, partages-tu notre opinion là-dessus, ou es-tu d'avis contraire?

CALLICLÈS : Non, je t'accorde ce point, pour que tu puisses mener la discussion à terme et pour faire plaisir à Gorgias. **(501d)**

SOCRATE : Cette flatterie s'exerce-t-elle à l'égard d'une seule âme, et non à l'égard de deux ou plusieurs?

CALLICLÈS : Elle s'exerce à l'égard de deux ou plusieurs.

La flatterie destinée à la foule

SOCRATE : Ainsi on peut chercher à faire plaisir à une foule d'âmes à la fois, sans s'inquiéter de leur véritable intérêt?

CALLICLÈS : Je le crois.

SOCRATE : Maintenant veux-tu me dire quelles sont les professions qui produisent cet effet, ou plutôt, si tu veux bien, je vais t'interroger, et quand une profession te paraîtra entrer dans cette catégorie, tu diras oui ; autrement, tu diras non. Commençons par celle du joueur de **flûte**. **(501e)** Ne te semble-t-il pas, Calliclès, que c'est une de ces professions qui ne visent qu'à notre plaisir, sans se soucier d'aucune autre chose?

CALLICLÈS : Je le crois.

SOCRATE : N'en est-il pas de même de toutes celles du même genre, par exemple de celle du joueur de **cithare** dans les concours?

CALLICLÈS : Si.

SOCRATE : Et l'instruction des choeurs et la composition des **dithyrambes**? N'est-il pas manifeste pour toi qu'elles sont aussi de ce genre? Ou crois-tu que

---

Flûte Le jeu de flûte a été critiqué par plusieurs philosophes, dont Pythagore, Platon, Aristote, et il a été banni de l'éducation des jeunes gens parce qu'il était associé à des activités de divertissement jugées vulgaires.

Cithare Instrument de musique ancien à cordes pincées apparenté à la lyre. Platon distingue entre l'usage de la cithare propice à la formation des jeunes et son usage dans les concours dont l'unique but, condamnable, est de briller et de plaire.

Dithyrambe Poème chanté par un choeur à l'occasion des fêtes en l'honneur de Dionysos.

Kinésias*, fils de Mélès*, songe à dire quoi que ce soit qui puisse améliorer ceux qui l'entendent, ou uniquement ce qui doit faire plaisir **(502a)** à la foule des spectateurs?

CALLICLÈS : C'est évident, Socrate, en ce qui regarde Kinésias.

SOCRATE : Et son père, Mélès, quand il chantait en s'accompagnant de la cithare, crois-tu qu'il avait en vue le bien? Avait-il même le souci de contenter les spectateurs, lui qui les assommait par son chant? Mais songes-y : ne te semble-t-il pas que toute la poésie accompagnée de la cithare et les dithyrambes aient été inventés en vue du plaisir?

CALLICLÈS : Si.

SOCRATE : Et cet auguste et merveilleux poème qu'est la **tragédie, (502b)** quel est son dessein? Que veut-il et à quoi s'applique-t-il? Est-ce uniquement à plaire aux spectateurs, comme je le crois? Ou bien, s'il se présente une idée agréable et flatteuse pour les spectateurs, mais mauvaise, prend-il à coeur de la taire et de déclamer et de chanter au contraire l'idée qui est désagréable, mais utile, que cela plaise ou non? De ces deux dispositions, quelle est, crois-tu, celle de la tragédie?

CALLICLÈS : Il est clair, Socrate, qu'elle tend plutôt à plaire et à flatter **(502c)** le public.

SOCRATE : Or n'avons-nous pas dit tout à l'heure, Calliclès, que tout cela n'était que de la flatterie?

CALLICLÈS : Assurément.

SOCRATE : Mais si on ôtait de quelque **poésie** que ce soit la mélodie, le rythme et le mètre, resterait-il autre chose que des discours?

CALLICLÈS : Non, certainement.

SOCRATE : Or ces discours s'adressent à la multitude et au peuple?

CALLICLÈS : Oui.

SOCRATE : La poésie est donc une sorte de discours au peuple?

CALLICLÈS : Il semble bien. **(502d)**

Tragédie Les qualificatifs *auguste* et *merveilleux* appliqués à la tragédie expriment la dérision puisque Platon condamnait la tragédie qui, selon lui, cherchait surtout à séduire et à émouvoir les foules.

Poésie La poésie était, la plupart du temps, chantée ou récitée rythmiquement.

SOCRATE : Donc un discours d'orateur. Ou bien les poètes ne te semblent-ils pas faire acte d'orateur dans les théâtres ?

CALLICLÈS : Si.

La flatterie au service de la politique dans la cité

Les représentations théâtrales étaient ouvertes à tous, quel que soit leur statut social, à la différence de l'Assemblée où n'étaient admis que les hommes libres et où se faisaient valoir les orateurs.

SOCRATE : Nous venons donc de trouver une sorte de rhétorique à l'usage d'un peuple formé d'enfants, de femmes et d'hommes, d'esclaves et d'hommes libres confondus ensemble, rhétorique que nous apprécions peu, puisque nous la tenons pour une flatterie.

CALLICLÈS : Assurément.

SOCRATE : Bon. Mais la rhétorique qui s'adresse au peuple d'Athènes et à celui des autres États, **(502e)** c'est-à-dire à des hommes libres, quelle idée faut-il s'en faire ? Te paraît-il que les orateurs parlent toujours en vue du plus grand bien et se proposent pour but de rendre par leurs discours les citoyens aussi vertueux que possible, ou crois-tu que, cherchant à plaire aux citoyens et négligeant l'intérêt public pour s'occuper de leur intérêt personnel, ils se conduisent avec les peuples comme avec des enfants, essayant seulement de leur plaire, sans s'inquiéter aucunement si par ces procédés ils les rendent meilleurs ou pires ? **(503a)**

CALLICLÈS : Cette question n'est plus aussi simple. Il y a des orateurs qui parlent dans l'intérêt des citoyens, il y en a d'autres qui sont tels que tu dis.

SOCRATE : Ça suffit. S'il y a deux manières de parler au peuple, l'une des deux est une flatterie et une déclamation honteuse, l'autre est l'honnête ; je veux dire celle qui travaille à rendre les âmes des citoyens les meilleures possible, qui s'applique à dire toujours le meilleur, que cela plaise ou déplaise à l'auditoire. **(503b)** Mais tu n'as jamais vu de rhétorique semblable, ou, si tu peux citer quelque orateur qui la pratique, hâte-toi de le nommer.

CALLICLÈS : Non, par Zeus, je ne peux t'en nommer aucun, du moins parmi les orateurs d'aujourd'hui.

SOCRATE : Et parmi les anciens, peux-tu en citer un grâce auquel, dès qu'il a commencé à discourir devant eux, les Athéniens soient devenus meilleurs, de moins bons qu'ils étaient auparavant? Moi, **(503c)** je ne vois pas lequel ce serait.

CALLICLÈS : Comment? N'as-tu pas entendu dire que Thémistocle était un homme de mérite, ainsi que Cimon*, Miltiade* et ce Périclès qui est mort récemment et que tu as entendu toi-même?

SOCRATE : S'il est vrai, Calliclès, comme tu l'as affirmé précédemment, que la véritable vertu consiste à contenter ses propres passions et celles des autres, je n'ai rien à t'objecter. Mais s'il n'en est pas ainsi et si nous avons été contraints d'avouer par la suite qu'il faut satisfaire ceux de nos désirs qui, réalisés, rendent l'homme meilleur, **(503d)** mais non ceux qui le rendent pire, et que c'est là un art, peux-tu soutenir qu'aucun de ces orateurs ait rempli ces conditions?

CALLICLÈS : Je ne sais pas trop quoi te répondre.

Dans les arts véritables, l'ordre, l'harmonie et la régularité s'imposent

SOCRATE : Cherche bien et tu trouveras. Allons, examinons comme ceci, tranquillement, si l'un d'eux les a remplies. Voyons, l'homme vertueux qui dans tous ses discours a le plus grand bien en vue ne parlera pas au hasard, n'est-ce pas, mais en ne perdant pas de vue ce qu'il vise. **(503e)** Il fera comme tous les autres artisans qui, considérant chacun ce qu'ils veulent faire, ne ramassent pas au hasard les matériaux qu'ils emploient pour leur ouvrage, mais les choisissent de manière à lui donner une forme particulière. Par exemple, regarde les **peintres**, les architectes, les constructeurs de navires et tout autre ouvrier de ton choix, tu verras comment chacun d'eux place en ordre ses matériaux et force chacun à s'ajuster et à s'harmoniser au voisin, **(504a)** jusqu'à ce qu'il ait composé un tout bien arrangé et bien ordonné. Il en est ainsi de tous les

Peintres Dans l'Antiquité, les peintres, comme les sculpteurs, étaient considérés comme des artisans et non comme des artistes au sens moderne.

artisans et en particulier de ceux que nous avons mentionnés tout à l'heure, qui s'occupent du corps, je veux dire les maîtres de gymnastique et les médecins : ils ordonnent et règlent le corps. Sommes-nous d'accord sur ce point, ou non ?

CALLICLÈS : Soit, si tu veux.

SOCRATE : Donc si la régularité et l'ordre règnent dans une maison elle est bonne, si c'est le désordre, elle est mauvaise.

CALLICLÈS : J'en conviens.

SOCRATE : N'en est-il pas de même d'un navire ? **(504b)**

CALLICLÈS : Si.

SOCRATE : N'en disons-nous pas autant de nos corps ?

CALLICLÈS : Certainement.

SOCRATE : Et notre âme ? Sera-t-elle bonne si elle est déréglée, ou si elle est réglée et ordonnée ?

CALLICLÈS : D'après ce que nous avons dit précédemment, c'est la deuxième hypothèse qui s'impose.

SOCRATE : Et dans le corps, quel nom faut-il donner à l'effet que produisent la règle et l'ordre ?

CALLICLÈS : Tu veux parler sans doute de la santé et de la force ?

SOCRATE : Oui. Et comment qualifier l'effet que la règle et l'ordre produisent dans l'âme, **(504c)** comment l'appellerons-nous ? Essaie de le trouver et dis-le-moi, comme tu l'as fait pour le corps.

CALLICLÈS : Pourquoi ne le dis-tu pas toi-même, Socrate ?

SOCRATE : Je le dirai, si tu préfères. De ton côté, si tu approuves ce que je vais dire, conviens-en, sinon, réfute-moi et arrête-moi. D'après moi, le mot *sain* convient à l'ordre qui règne dans le corps et de là vient la santé, ainsi que toutes les autres qualités physiques. Est-ce exact, ou non ?

Légalité, loi Légalité, au sens de conformité à la loi, et loi ont ici une connotation morale et non juridique.

CALLICLÈS : C'est exact. **(504d)**

SOCRATE : L'ordre et la règle dans l'âme s'appellent *légalité* et *loi*, et c'est ce qui fait les hommes justes et

réglés ; c'est cela qui constitue la justice et la tempérance. Es-tu d'accord, oui ou non ?
CALLICLÈS : Je suis d'accord.

Quel est le devoir du véritable orateur ?

SOCRATE : Voilà donc ce que l'orateur dont je parle,
celui qui possède son art et est lui-même vertueux,
aura en vue dans tous les discours qu'il adressera aux
âmes, et dans toutes ses actions, et, soit qu'il donne,
soit qu'il ôte quelque chose au peuple, il songera sans
cesse aux moyens de faire naître la justice dans l'âme
de ses concitoyens **(504e)** et d'en bannir l'injustice,
d'y faire germer la tempérance et d'en écarter le dérèglement, en un mot d'y introduire toutes les vertus
et d'en exclure tous les vices. En conviens-tu, oui
ou non ?
CALLICLÈS : J'en conviens.
SOCRATE : À quoi sert-il en effet, Calliclès, d'offrir à un
corps malade et mal en point des aliments en abondance, des boissons exquises et tout autre délice qui
parfois ne lui profitera pas plus, et même moins, à
bien en juger, que le traitement contraire ? Est-ce
vrai ? **(505a)**
CALLICLÈS : Oui.
SOCRATE : Ce n'est pas, je pense, un avantage pour un
homme de vivre avec un corps misérable, car il est, en
ce cas, condamné à une vie misérable aussi. N'est-ce
pas exact ?
CALLICLÈS : Si.
SOCRATE : N'est-il pas vrai que les médecins permettent généralement, quand on est bien portant, de satisfaire ses désirs, par exemple de manger autant qu'on
veut, quand on a faim, de boire quand on a soif, tandis
que, si on est malade, ils ne permettent pour ainsi dire
jamais de se rassasier de ce qu'on désire. Es-tu d'accord
avec moi sur ce point ?
CALLICLÈS : Oui.

SOCRATE : Et pour l'âme, excellent Calliclès, **(505b)** la règle n'est-elle pas la même ? Tant qu'elle est mauvaise, parce qu'elle est déraisonnable, déréglée, injuste, impie, il faut l'éloigner de ce qu'elle désire et ne pas lui permettre de faire autre chose que ce qui doit la rendre meilleure. Es-tu de cet avis ou non ?

CALLICLÈS : Je suis de cet avis.

SOCRATE : N'est-ce pas là ce qui vaut le mieux pour l'âme elle-même ?

CALLICLÈS : Assurément.

SOCRATE : Mais éloigner quelqu'un de ce qu'il désire, n'est-ce pas le châtier ?

CALLICLÈS : Si.

SOCRATE : Donc le châtiment est meilleur pour l'âme que le dérèglement, **(505c)** contrairement à ce que tu pensais tout à l'heure ?

Calliclès refuse de poursuivre la discussion

CALLICLÈS : Je ne sais pas ce que tu veux dire, Socrate. Interroge un autre que moi.

SOCRATE : Cet homme-là ne tolère pas qu'on lui rende service, et ne peut pas supporter la chose même dont nous parlons, le châtiment.

CALLICLÈS : Je ne me soucie aucunement de ce que tu dis et je ne t'ai répondu que pour faire plaisir à Gorgias.

SOCRATE : Soit, mais alors que faire ? Allons-nous rompre l'entretien sans l'achever ?

CALLICLÈS : C'est à toi d'en décider.

SOCRATE : Il n'est pas permis, dit-on, de laisser en plan même un conte : il faut lui donner une tête, pour qu'il ne circule pas sans tête. **(505d)** Réponds donc encore pour ce qui reste, afin de donner une tête à notre entretien.

CALLICLÈS : Quel tyran tu fais, Socrate. Mais, si tu veux mon avis, laisse tomber cette discussion ou discute avec un autre que moi.

SOCRATE : Alors quel autre consent à discuter ? Nous ne pouvons certes pas laisser la discussion inachevée.

Dicton largement connu à l'époque mais d'origine obscure, dont le sens pourrait être que la fin d'une histoire étant ce qui donne sens au début et au déroulement de celle-ci est en réalité sa tête.

CALLICLÈS : Ne pourrais-tu pas la poursuivre toi-même, soit en parlant tout seul, soit en te répondant à toi-même?

SOCRATE : Tu veux donc que, suivant le mot d'Épicharme*, **(505e)** je suffise à moi seul à dire ce que deux hommes disaient auparavant? J'ai peur d'être forcé d'en venir là. Mais si nous procédons de la sorte, je pense, moi, que nous devons tous rivaliser d'ardeur pour découvrir ce qu'il y a de vrai et ce qu'il y a de faux dans la question que nous traitons, car nous avons tous à gagner à faire la lumière sur ce point. Je vais donc vous exposer ce que j'en pense, **(506a)** et, si quelqu'un de vous trouve que je me fais des concessions erronées, qu'il me reprenne et me réfute. Je ne parle donc pas comme un homme sûr de ce qu'il dit, mais je cherche en commun avec vous, de sorte que, si mon contradicteur me paraît avoir raison, je serai le premier à le reconnaître. Si je vous dis cela, c'est pour le cas où vous jugeriez qu'il faut pousser la discussion jusqu'au bout, **(506b)** mais si vous ne le voulez pas, restons-en là et allons-nous-en.

GORGIAS : Pour ma part, Socrate, je suis d'avis qu'il ne faut pas encore nous retirer, mais que tu ailles jusqu'au bout de ton propos, et je suis sûr que les autres partagent mon opinion. Personnellement, je désire t'entendre développer ce qui te reste à dire.

SOCRATE : De mon côté, Gorgias, j'aurais volontiers continué à discuter avec Calliclès, jusqu'à ce que je lui aie rendu la réplique d'Amphion en échange de la tirade de Zéthos. Mais puisque tu refuses, Calliclès, de m'aider à terminer l'entretien, écoute-moi du moins et arrête-moi si tu trouves que j'avance quelque chose d'inexact. Et si tu me démontres mon erreur, **(506c)** je ne me fâcherai pas contre toi, comme tu viens de le faire à mon égard ; au contraire, je t'inscrirai au premier rang de mes bienfaiteurs.

CALLICLÈS : Parle toi-même, mon bon, et achève.

QUATRIÈME ENTRETIEN :
PROFESSION DE FOI DE SOCRATE

SOCRATE : Écoute-moi donc, tandis que je reprends l'argumentation depuis le commencement. L'agréable et le bon sont-ils la même chose ? Non, comme nous en avons convenu, Calliclès et moi. — Faut-il faire l'agréable en vue du bon, ou le bon en vue de l'agréable ? L'agréable en vue du bon. — Et l'agréable est-il ce dont la présence nous réjouit, **(506d)** et le bon ce dont la présence nous rend bons ? Certainement. — Or nous sommes bons, nous et les autres choses bonnes, par la présence d'une certaine qualité ? Cela me paraît incontestable, Calliclès. — Mais la qualité propre à chaque chose, meuble, corps, âme, animal quelconque, ne lui vient pas par hasard d'une manière parfaite ; elle vient d'un arrangement, d'une justesse, d'un art adaptés à la nature de chacune. Est-ce vrai ? Je l'affirme. — **(506e)** Ainsi la vertu de chaque chose consiste dans l'arrangement et la disposition établis par l'ordre ? Je dirais que oui. — Ainsi une sorte d'ordre propre à chaque chose la rend bonne par sa présence en elle ? C'est mon avis. — Par conséquent l'âme où se trouve l'ordre qui lui convient est meilleure que celle où l'ordre fait défaut ? Nécessairement. — Mais l'âme où règne l'ordre est une âme bien réglée ? Sans contredit. — Et l'âme bien réglée est tempérante ? **(507a)** De toute nécessité. — Donc une âme tempérante est bonne ? Je n'ai rien à objecter contre ces propositions. Si tu as, toi, quelque chose à y reprendre, fais-le savoir.

CALLICLÈS : Continue, mon bon.

SOCRATE : Je dis donc que, si l'âme raisonnable est bonne, celle qui est dans l'état contraire est mauvaise, et nous avons vu que c'est l'âme déraisonnable et déréglée. Sans contredit. — Et maintenant l'homme sage s'acquitte de ses devoirs envers les dieux et envers les hommes, car il ne serait pas sage s'il ne s'acquittait pas de ses devoirs. **(507b)** Il est nécessaire que cela soit ainsi. — Et en faisant son devoir envers les hommes, il agit avec justice, et envers les dieux, avec piété ; or, celui qui fait ce qui est juste et pieux est forcément juste et pieux. C'est vrai. — Et forcément aussi courageux ; car ce n'est pas le fait d'un homme raisonnable ni de poursuivre ni de fuir ce qu'il ne doit pas, mais de fuir et de poursuivre ce qu'il doit, qu'il s'agisse de choses ou de personnes, de plaisirs ou de peines, et de persister fermement dans son devoir ; de sorte **(507c)** qu'il est de toute nécessité, Calliclès, que l'homme raisonnable, étant, comme nous l'avons vu, juste, courageux et pieux, soit aussi un homme parfaitement bon ; que l'homme bon fasse bien et honnêtement tout ce qu'il fait et que, vivant bien, il soit heureux et prospère, tandis que le méchant, agissant mal, est malheureux. Or ce méchant, c'est l'opposé de l'homme raisonnable, c'est l'homme déréglé que tu vantais.

Voilà donc les principes que je pose et j'affirme qu'ils sont vrais. Or, s'ils sont vrais, il est notoire que celui qui veut être heureux **(507d)** doit s'attacher et s'exercer à la tempérance et fuir le dérèglement à toutes jambes et s'arranger avant tout pour n'avoir pas du tout besoin de châtiment. Mais s'il en a besoin, lui ou quelqu'un de ses proches, un particulier ou l'État, il faut qu'il subisse un châtiment et qu'il soit puni, s'il veut être heureux.

Tel est, à mon avis, le but qu'il faut se fixer pour régler sa vie. Il faut concentrer tous ses efforts et tous ceux de l'État vers l'acquisition de la justice et de la tempérance si on veut être heureux. Il faut rapporter tous ses actes à cette fin **(507e)** et se garder de lâcher la bride à ses passions et, en tentant de les satisfaire, ce qui serait un mal sans remède, de mener une vie de brigand. Un tel homme, en effet, ne saurait être aimé d'un autre homme ni d'un dieu ; car il ne peut pas vivre en société, et, **sans société, pas d'amitié**. Les **savants**, Calliclès, disent que le ciel et la terre, les dieux et les hommes sont unis ensemble **(508a)** par l'amitié, la règle, la tempérance et

Sans société, pas d'amitié L'amitié, au sens strict et selon Platon, ne peut exister qu'entre gens de bien et suppose l'appartenance à une communauté ainsi que le partage d'un bien commun.

Savants Il s'agit des pythagoriciens, et surtout d'Empédocle qui posait l'amitié (φιλια « philia ») comme principe d'existence du cosmos.

la justice, et c'est pour cela, camarade, qu'ils donnent à tout cet univers le nom d'*ordre*, et non de *désordre* et de *dérèglement*. Mais il me semble que toi, tu ne fais pas attention à cela, malgré toute ta science, et tu oublies que l'égalité géométrique a beaucoup de pouvoir chez les dieux et chez les hommes. Toi, tu penses, au contraire, qu'il faut tâcher d'avoir plus que les autres ; c'est que tu négliges la géométrie.

Mais passons. Il faut, maintenant, ou bien réfuter mon argumentation **(508b)** et prouver que les heureux ne doivent pas leur bonheur à la possession de la justice et de la tempérance, ni les malheureux leur misère à celle du vice, ou bien, si mon argumentation est juste, il faut en examiner les conséquences. Or, ces conséquences, Calliclès, ce sont toutes les affirmations à propos desquelles tu m'as demandé si je parlais sérieusement lorsque j'ai avancé que, si on avait commis une injustice, il fallait s'accuser soi-même, son fils, son camarade, et se servir pour cela de la rhétorique. Et ce que tu t'imaginais que Polos m'accordait par fausse honte était donc la vérité, à savoir qu'il est plus laid de commettre une injustice que de la subir, et d'autant plus désavantageux que c'est plus laid ; **(508c)** et il est également vrai que, si on veut être un bon orateur, il faut être juste et versé dans la science de la justice, ce que Polos à son tour reprochait à Gorgias de m'accorder par fausse honte.

Cela posé, examinons ce que valent les reproches que tu me fais, et si tu as raison ou non de dire que je ne suis pas en état de me secourir moi-même, ni aucun de mes amis ou de mes proches et de me tirer des plus grands dangers, que je suis, comme un homme méprisé, à la merci du premier venu **(508d)** qui voudra, selon ton énergique expression, m'assener son poing sur la joue, me dépouiller de mes biens, me bannir de la cité, ou, pis encore, me mettre à mort, et qu'être dans une telle situation est la chose la plus honteuse du monde. Telle était ton opinion. Voici la mienne : je l'ai déjà exprimée plus d'une fois, mais rien n'empêche de la répéter.

Je nie, Calliclès, que la chose la plus honteuse soit d'être giflé injustement **(508e)** ou de se voir couper les membres ou la **bourse**. Je soutiens au contraire qu'il est plus honteux et plus mal de me frapper, de me mutiler injustement, moi et les miens, de me voler, de me réduire en esclavage, d'entrer par effraction chez moi. En un mot, commettre une injustice quelconque contre moi ou contre ce qui m'appartient est une chose plus mauvaise et plus laide pour celui qui commet l'injustice que pour moi qui en suis victime.

Ces vérités qui nous sont apparues auparavant dans nos précédents discours, comme je le soutiens, sont attachées et liées, **(509a)** si je puis employer cette expression hardie, par des raisons **de fer et de diamant**, du moins à ce qu'il me semble. Si tu ne parviens pas à les rompre, toi ou quelque autre plus vigoureux que toi, il n'est pas possible de tenir un autre langage que le mien si on veut être dans le vrai. Quant à moi, je répète en effet toujours la même chose, que j'ignore ce qui en est, mais que de tous ceux que j'ai rencontrés, comme toi aujourd'hui, il n'en est aucun qui ait pu parler autrement sans prêter au ridicule.

J'affirme donc encore une fois **(509b)** que les choses sont ainsi. Mais si elles sont ainsi, et si l'injustice est le plus grand des maux pour celui qui la commet, et si, tout grand qu'est ce mal, c'en est un pire encore, s'il est possible, de ne pas être puni quand on est coupable, quel est le genre de secours qu'il serait vraiment ridicule de ne pas pouvoir s'assurer à soi-même? N'est-ce pas celui qui détournera de nous le plus grand dommage? Oui, ce qu'il y a incontestablement de plus laid en cette matière, c'est de ne pas pouvoir venir au secours de soi-même, ni de ses amis ni de ses proches. Au second rang vient le genre de secours qui nous protège contre le second mal ; au troisième rang,

Bourse Pochette pour contenir de l'argent. Aujourd'hui, nos pick-pockets ont repris le métier des coupeurs de bourse antiques !

De fer et de diamant Le diamant étant la pierre précieuse la plus dure, il s'agit d'une métaphore pour indiquer la solidité (et pourquoi pas la beauté ?) de l'argumentation que Socrate vient de développer.

celui qui nous protège du troisième mal, **(509c)** et ainsi de suite. Plus le mal est grave, plus il est beau d'être capable d'y résister et honteux de ne pas l'être. Cela est-il autrement ou comme je le dis, Calliclès?

CALLICLÈS : Il n'en est pas autrement.

Comment se prémunir contre le pire des maux?

SOCRATE : De ces deux choses, commettre l'injustice et la subir, nous déclarons que le mal est le plus grand pour celui qui la commet, moins grand pour celui qui la subit. Que faut-il donc que l'homme se procure pour se défendre et s'assurer le double avantage **(509d)** de ne commettre et de ne subir aucune injustice? Est-ce la puissance ou la volonté? Voici ce que je veux dire. Suffit-il de vouloir ne pas subir d'injustice pour en être préservé, ou est-ce en ayant de la puissance qu'on s'en préservera?

CALLICLÈS : C'est évidemment en ayant de la puissance.

SOCRATE : Et pour ce qui est de commettre l'injustice? Est-ce suffisant de ne pas vouloir la commettre **(509e)** ou bien faut-il pour cela acquérir une certaine puissance et un certain art dont la connaissance et la pratique peuvent seules nous empêcher d'être injustes? Réponds-moi sur ce point particulier, Calliclès. Penses-tu que, quand nous sommes tombés d'accord, Polos et moi, au cours de la discussion, que personne n'est injuste volontairement, mais que tous ceux qui font le mal le font malgré eux, nous avons été contraints à cette admission pour de bonnes raisons, oui ou non?

CALLICLÈS : Je t'accorde ce point, Socrate, **(510a)** pour que tu puisses achever ton discours.

SOCRATE : Il faut donc, à ce qu'il paraît, se procurer une certaine puissance et un certain art pour réussir à ne pas commettre d'injustice.

CALLICLÈS : Certainement.

SOCRATE : Maintenant, quel peut bien être l'art qui nous met en état de ne pas subir l'injustice ou d'en

> Si on ne fait pas le mal volontairement, on peut le faire par ignorance, d'où la nécessité de posséder et de pratiquer un art authentique qui aurait pour objet la justice.

subir le moins possible? Vois si tu es de mon avis sur ce point. Je pense, moi, qu'il faut posséder dans la cité le pouvoir, être un tyran, ou bien être un ami du gouvernement existant.

CALLICLÈS : Tu peux voir, Socrate, avec quel empressement **(510b)** je t'approuve, quand tu dis quelque chose de juste. Ceci me paraît tout à fait bien dit.

SOCRATE : Examine maintenant si ce que je vais dire te paraît également bien dit. Il me semble à moi que la plus étroite amitié qui puisse lier un homme à un homme est, comme le disent les **anciens sages**, celle qui unit le semblable au semblable. Et à toi?

CALLICLÈS : À moi aussi.

SOCRATE : Ainsi là où le pouvoir appartient à un tyran sauvage et grossier, s'il y a dans la cité quelque citoyen bien meilleur que lui, le tyran le redoutera certainement et ne pourra jamais **(510c)** l'aimer du fond du coeur.

CALLICLÈS : C'est exact.

SOCRATE : Mais s'il y a un homme beaucoup plus mauvais que lui, le tyran ne saurait l'aimer non plus, car il le mépriserait et ne rechercherait jamais son amitié.

CALLICLÈS : C'est vrai aussi.

SOCRATE : Alors le seul ami digne de considération qui lui reste est un homme du même caractère que lui, qui blâme et loue les mêmes choses et qui consent à lui obéir et à s'incliner sous son autorité. Celui-là jouira d'un grand pouvoir dans la cité **(510d)** et personne ne pourra se féliciter de lui faire du mal. N'est-ce pas la vérité?

CALLICLÈS : Si.

SOCRATE : Si donc quelque jeune homme dans cette cité se disait à lui-même: « Comment pourrais-je devenir puissant et me mettre à l'abri de toute injustice? » voici, semble-t-il, la route à suivre, c'est de s'habituer de bonne heure à aimer et à haïr les mêmes choses que le maître et de s'arranger pour lui ressembler le plus possible. N'est-ce pas vrai?

Anciens sages
Référence à Empédocle en particulier reconnu comme l'auteur de cette doctrine.

CALLICLÈS : Si. **(510e)**

SOCRATE : Voilà l'homme qui réussira à se mettre à l'abri de l'injustice et à devenir, comme vous dites, puissant dans la cité.

CALLICLÈS : Parfaitement.

SOCRATE : Mais réussira-t-il également à ne pas commettre d'injustice ? Ou en commettra-t-il, au contraire, s'il doit ressembler à son maître, qui est injuste, et avoir un grand crédit près de lui ? Moi, je pense qu'il s'arrangera pour pouvoir commettre le plus d'injustices possible et ne pas en être puni. Qu'en dis-tu ?

CALLICLÈS : Il semble bien. **(511a)**

SOCRATE : Il aura donc en lui le plus grand des maux, une âme pervertie et dégradée par l'imitation de son maître et par la puissance.

CALLICLÈS : Je ne sais pas comment tu peux, Socrate, mettre sens dessus dessous tous les raisonnements. Ne sais-tu pas que cet imitateur fera périr, s'il le veut, celui qui n'imite pas le tyran et lui enlèvera ses biens ?

SOCRATE : Je le sais, mon bon Calliclès. Il faudrait être sourd pour l'ignorer, **(511b)** car je te l'ai entendu dire à toi, et je l'ai entendu répéter maintes fois tout à l'heure à Polos, et à presque tous les habitants de la ville. Mais à ton tour, écoute ceci : oui, il tuera, s'il le veut, mais c'est un méchant qui tuera un honnête homme.

CALLICLÈS : N'est-ce pas précisément cela qui est le plus révoltant ?

SOCRATE : Non, du moins pas pour un homme sensé, comme la raison le démontre. Crois-tu donc que le but des efforts de l'homme soit de vivre le plus longtemps possible et de pratiquer les arts qui nous sauvent toujours des dangers, comme cette rhétorique **(511c)** que tu me conseilles de cultiver, parce qu'elle nous sauve dans les tribunaux ?

CALLICLÈS : Oui, par Zeus, et mon conseil est bon.

SOCRATE : Mais voyons, mon excellent ami. Penses-tu que l'art de nager soit aussi un art qui mérite considération ?

Le *vous* renvoie ici à Calliclès et à Polos qui partagent la même conviction.

CALLICLÈS : Non, par Zeus.

SOCRATE : Et pourtant cet art aussi sauve les hommes de la mort, dans les accidents où on a besoin de savoir nager. Mais si cet art te paraît de peu de valeur, je vais t'en nommer un plus important, **(511d)** l'art du pilote de navires, qui sauve des plus grands périls non seulement les âmes, mais aussi les corps et les biens, comme la rhétorique. Et cet art est simple et modeste ; il ne se vante pas, il ne prend pas de grands airs, comme s'il accomplissait des merveilles. Bien qu'il nous procure les mêmes avantages que l'éloquence judiciaire, quand il nous a ramenés sains et saufs d'**Égine,** il ne prend, je crois, que deux **oboles**; si c'est de l'Égypte ou du **Pont**, pour ce grand service, **(511e)** pour avoir sauvé ce que je disais tout à l'heure, notre personne, nos enfants, nos biens et nos femmes, en nous débarquant sur le port, il nous demande tout au plus deux **drachmes**. Et l'homme qui possède cet art et qui a accompli tout cela, une fois descendu à terre, se promène sur le quai près de son navire, avec une contenance modeste.

C'est qu'il sait, je pense, se dire à lui-même qu'il est difficile de reconnaître les passagers auxquels il a rendu service, en les préservant de se noyer, et ceux auxquels il a fait tort, car il n'ignore pas qu'en les débarquant **(512a)** il ne les a laissés aucunement meilleurs qu'ils n'étaient en s'embarquant, ni pour le corps ni pour l'âme. Il se dit donc ceci : « Si quelqu'un, atteint en son corps de maladies graves et incurables, n'a pas été noyé, c'est un malheur pour lui de n'être pas mort et je ne lui ai fait aucun bien ; de même, si un autre porte en son âme, plus précieuse que son corps, une foule de maladies incurables, il n'a plus besoin de vivre, et je ne lui rendrai pas service en le sauvant de la mer ou des tribunaux ou de tout autre péril. » Il sait en effet **(512b)** que ce n'est pas pour le méchant un avantage de vivre, puisqu'il ne peut que vivre mal.

Égine Île située à environ 20 km d'Athènes.

Obole Ancienne monnaie grecque valant le sixième d'une drachme.

Pont État d'Asie Mineure situé sur le Pont-Euxin.

Drachme Ancienne monnaie grecque divisée en oboles. Aussi monnaie de la Grèce contemporaine.

Voilà pourquoi le pilote n'a pas l'habitude de tirer vanité de son art, bien qu'il nous sauve, non plus, mon admirable ami, que le constructeur de machines, qui parfois peut sauver des choses aussi importantes, je ne dis pas que le pilote, mais que le général d'armée ou tout autre, quel qu'il soit, puisqu'il sauve quelquefois des villes entières. Tu ne crois pas, n'est-ce pas, qu'il est comparable à l'orateur judiciaire ? Pourtant, s'il voulait parler comme vous, Calliclès, **(512c)** il vous accablerait de ses raisons et vous dirait et vous conseillerait de vous faire constructeurs de machines, attendu que le reste n'est rien ; il ne manquerait pas d'arguments à cet effet. Mais toi, tu ne l'en méprises pas moins, lui et son art, tu lui jetterais volontiers le nom de *mécanicien* comme une injure et tu ne consentirais ni à donner ta fille à son fils ni à épouser toi-même sa fille à lui. Cependant, à examiner les raisons pour lesquelles tu vantes ton art, de quel droit méprises-tu le mécanicien et les autres dont je parlais tout à l'heure ? Je sais bien que tu allèguerais **(512d)** que tu es meilleur qu'eux et de meilleure famille. Mais si le meilleur est autre chose que ce que je dis, si la vertu consiste uniquement à sauver sa personne et ses biens, quoi qu'on vaille d'ailleurs, tu es ridicule de dénigrer le machiniste, le médecin et les autres arts qui ont été inventés pour nous sauver.

Vois plutôt, mon bienheureux ami, si la noblesse de l'âme et le bien ne seraient pas autre chose que de sauver les autres et se sauver soi-même du péril, car de vivre plus ou moins longtemps, **(512e)** c'est, sois-en sûr, un souci dont l'homme véritablement homme doit se défaire. Au lieu de s'attacher à la vie, il doit s'en remettre là-dessus à la Divinité et croire, comme disent les femmes, que personne au monde ne saurait échapper à son destin, puis chercher le moyen de vivre le mieux possible le temps qu'il a à vivre. Faut-il pour cela s'adapter à la constitution politique du pays **(513a)** qu'on habite ? En ce cas, tu devrais toi-même te

Les métiers dont il est question ici — pilote, maître de natation, ingénieur, etc. — ne jouissaient pas d'une considération aussi grande que l'art oratoire auprès de l'aristocratie.

Référence à ce que dit Hector à Andromaque au chant VI de l'*Iliade* : « Je te le dis, il n'est pas d'homme, lâche ou brave, qui échappe à son destin du jour où il est né. »

rendre aussi semblable que possible au peuple d'Athènes, si tu veux en être aimé et devenir puissant dans l'État. Vois si c'est là ton avantage et le mien, afin, mon noble ami, que nous n'éprouvions pas ce qui arrive, dit-on, aux **Thessaliennes** qui attirent la lune à elles. C'est en effet aux dépens de ce que nous avons de plus cher que nous attirerons à nous cette grande puissance dans l'État.

Thessaliennes Dans la mythologie ancienne, sorcières ou magiciennes originaires de Thessalie qui étaient réputées responsables des éclipses de lune.

Mais si tu crois que quelqu'un au monde te transmettra un moyen quelconque **(513b)** de te rendre puissant dans la cité, si tes mœurs diffèrent de sa constitution, soit en bien soit en mal, c'est qu'à mon avis tu raisonnes mal, Calliclès. Ce qu'il faut, ce n'est pas les imiter, c'est leur ressembler naturellement, si tu veux effectivement réussir à gagner l'amitié du Démos d'Athènes et aussi, par Zeus, celle de Démos, fils de Pyrilampe. C'est donc celui qui te rendra tout à fait pareil à eux qui fera de toi, comme tu le désires, un politique et un orateur. **(513c)** Chacun d'eux aime les discours qui s'accordent à son caractère ; mais ce qui lui est étranger leur déplaît, à moins, **chère tête**, que tu ne sois d'un autre avis. Avons-nous quelque objection, Calliclès ?

Chère tête Expression mi-ironique mi-affectueuse.

CALLICLÈS : Je ne sais pas comment il se fait que tu me parais avoir raison, Socrate. Cependant, je suis comme la plupart de tes auditeurs, je ne te crois qu'à demi.

Seule vaut une politique qui a en vue le bien et la justice dans la cité

SOCRATE : C'est que l'amour du peuple implanté dans ton âme, Calliclès, s'insurge contre moi, mais si nous revenons **(513d)** sur ces mêmes questions pour les approfondir, peut-être te rendras-tu. Quoi qu'il en soit, rappelle-toi que nous avons dit qu'il y a deux façons de cultiver chacune de ces deux choses, le corps et l'âme, l'une qui s'en occupe en vue du plaisir, et l'autre qui s'en occupe en vue du bien et qui, sans chercher à plaire, y applique tout son effort. N'est-ce pas la distinction que nous avons faite alors ?

CALLICLÈS : Effectivement.

SOCRATE : Et nous avons dit que l'une, celle qui tend au plaisir, n'était autre chose qu'une vile flatterie, n'est-ce pas?

CALLICLÈS : Soit, puisque tu le veux. **(513e)**

SOCRATE : L'autre, au contraire, tend à rendre aussi parfait que possible l'objet de ses soins, que ce soit le corps ou l'âme.

CALLICLÈS : Oui.

SOCRATE : Dès lors, ne devons-nous pas, dans les soins que nous donnons à la cité et aux citoyens, nous efforcer de rendre ces citoyens aussi parfaits que possible? Sans cela, comme nous l'avons reconnu précédemment, tout autre service qu'on leur rendrait ne leur serait d'aucune utilité, **(514a)** si ceux qui doivent acquérir ou de grandes richesses, ou le pouvoir, ou tout autre genre de puissance n'avaient pas des sentiments honnêtes. Admettons-nous qu'il en est ainsi?

CALLICLÈS : Admettons-le, si cela te plait.

SOCRATE : Maintenant supposons, Calliclès, que, désireux de nous charger de quelque entreprise publique, nous nous exhortions mutuellement à nous tourner vers les constructions, vers les plus considérables, celles de remparts, d'arsenaux, de temples, ne devrions-nous pas nous examiner nous-mêmes **(514b)** et nous demander d'abord si nous connaissons, ou non, cet art, l'**architecture**, et de qui nous l'avons appris? Le faudrait-il, oui ou non?

CALLICLÈS : Oui, certainement.

SOCRATE : En second lieu, ne faudrait-il pas vérifier si jamais nous avons bâti quelque édifice privé pour quelqu'un de nos amis ou pour nous-mêmes, si cet édifice est beau ou laid? Et si, en faisant cet examen, nous trouvons que nous avons eu des maîtres habiles et réputés **(514c)** et que nous avons construit beaucoup de beaux édifices avec nos maîtres, et beaucoup aussi à nous seuls, après les avoir quittés, dans ces conditions, nous pourrions raisonnablement aborder

Architecture La conception et la construction des ouvrages mentionnés ici étaient l'affaire des architectes.

les entreprises publiques. Si, au contraire, nous n'avions aucun maître à citer, aucune construction à faire voir, ou plusieurs constructions sans valeur, alors ce serait folie, n'est-ce pas, d'entreprendre des ouvrages publics et de nous y exhorter l'un l'autre ? Avouons-nous que cela soit bien dit, **(514d)** oui ou non ?

CALLICLÈS : Oui.

SOCRATE : Il en est de même en tout. Si, par exemple, ayant dessein d'être **médecins de l'État**, nous nous y exhortions l'un l'autre comme étant qualifiés pour cela, nous nous serions, je présume, examinés au préalable réciproquement, toi et moi : « Voyons, au nom des dieux, comment Socrate se porte-t-il lui-même ? A-t-il déjà guéri quelqu'un, esclave ou homme libre ? » De mon côté, j'imagine que je ferais les mêmes questions à ton sujet. Si nous trouvions que nous n'avons amélioré la santé de personne, **(514e)** étranger ou Athénien, homme ou femme, au nom de Zeus, Calliclès, ne serait-ce pas une véritable dérision qu'un homme en vienne à cet excès d'extravagance, qu'avant d'avoir fait beaucoup d'expériences quelconques dans l'exercice privé de la médecine, d'avoir obtenu de nombreux succès et de s'être exercé convenablement dans cet art, il veuille, comme dit le proverbe, **faire son apprentissage de potier sur une jarre** et se mette dans la tête d'être médecin public et d'y exhorter ses pareils ? Ne te semble-t-il pas qu'il y a de la folie à se conduire de la sorte ?

CALLICLÈS : Si.

SOCRATE : Maintenant donc, **(515a)** ô le meilleur des hommes, que toi-même tu viens de débuter dans la carrière politique, que tu m'y appelles et que tu me reproches de n'y pas prendre part, n'est-ce pas le moment de nous examiner l'un l'autre et de dire : « Voyons, Calliclès a-t-il déjà rendu meilleur quelque citoyen ? En est-il un qui, étant auparavant méchant, injuste, déréglé, déraisonnable, soit devenu honnête homme grâce à Calliclès, étranger ou citoyen, esclave

Médecins de l'État
Il existait à Athènes des charges de médecins publics ; ceux-ci étaient choisis et rémunérés par l'Assemblée.

Faire son apprentissage de potier sur une jarre Proverbe qui ironise sur ceux qui s'attaquent aux tâches les plus difficiles sans avoir fait l'apprentissage préalable.

ou homme libre? » Dis-moi, **(515b)** si on te question-
nait là-dessus, que répondrais-tu? Qui citerais-tu que
ta fréquentation ait rendu meilleur? Pourquoi hésites-
tu à répondre, s'il est vrai qu'il y ait une oeuvre de toi,
que tu aies faite dans la vie privée, avant d'aborder les
affaires publiques?

CALLICLÈS : Tu veux toujours avoir le dessus, Socrate.

Critique des grands hommes politiques d'Athènes

SOCRATE : Ce n'est pas pour avoir le dessus que je
t'interroge, c'est parce que j'ai un véritable désir de
savoir ton opinion sur la manière dont il faut traiter la
politique chez nous. T'occuperas-tu, une fois arrivé
aux affaires, **(515c)** d'autre chose que de faire de nous
des citoyens aussi parfaits que possible? N'avons-nous
pas déjà reconnu maintes fois que tel était le devoir de
l'homme d'État? L'avons-nous reconnu, oui ou non?
Réponds. Oui, nous l'avons reconnu, puisqu'il faut
que je réponde pour toi. Si donc tel est l'avantage que
l'homme de bien doit réserver à sa patrie, rappelle-toi
les hommes dont tu parlais tout à l'heure et dis-moi si
tu crois toujours qu'ils ont été de bons citoyens,
(515d) les Périclès, les Cimon, les Miltiade, les Thémistocle.

CALLICLÈS : Oui, je le crois.

SOCRATE : S'ils étaient bons, il est évident que chacun
d'eux rendait ses concitoyens meilleurs qu'ils n'avaient
été jusqu'alors. Le faisaient-ils, ou non?

CALLICLÈS : Oui.

SOCRATE : Donc, lorsque Périclès a commencé à parler
en public, les Athéniens étaient moins bons que
lorsqu'il a prononcé ses derniers discours?

CALLICLÈS : Peut-être.

SOCRATE : Ce n'est pas *peut-être*, excellent Calliclès,
c'est *nécessairement* qu'il faut dire, d'après les principes
que nous avons reconnus, s'il est vrai que cet homme
d'État était un bon citoyen. **(515e)**

CALLICLÈS : Et après?

SOCRATE : Rien. Mais réponds encore à cette question : les Athéniens passent-ils pour être devenus meilleurs grâce à Périclès, ou, au contraire, ont-ils été corrompus par lui? J'entends dire en effet que Périclès a rendu les Athéniens paresseux, lâches, bavards, et avides d'argent, en établissant le premier un salaire pour les fonctions publiques.

CALLICLÈS : C'est aux **hommes aux oreilles déchirées** que tu as entendu dire cela, Socrate.

SOCRATE : Eh bien, voici une chose que je n'ai pas apprise par ouï-dire, mais que je sais de façon certaine et toi aussi : au début Périclès avait une bonne réputation et les Athéniens n'ont voté contre lui aucune peine infamante, au temps où ils avaient moins de vertu, mais lorsqu'ils sont devenus d'honnêtes gens grâce à lui, **(516a)** vers la fin de sa vie, ils l'ont condamné pour vol. Ils ont même failli lui infliger la peine de mort, évidemment parce qu'ils le jugeaient méchant.

CALLICLÈS : Eh bien, Périclès était-il méchant pour cela?

SOCRATE : En tout cas, un gardien d'ânes, de chevaux ou de boeufs serait jugé mauvais s'il était dans le cas de Périclès, si, ayant reçu à garder des animaux qui ne ruaient pas, qui ne frappaient pas de la corne, qui ne mordaient pas, il les avait rendus sauvages au point de faire tout cela. Ne tiens-tu pas pour mauvais tout gardien d'animaux, quels qu'ils soient, **(516b)** qui, les ayant reçus plus doux, les a rendus plus sauvages qu'il ne les a reçus? Est-ce ton avis, ou non?

CALLICLÈS : Oui, pour te faire plaisir.

SOCRATE : Fais-moi donc encore le plaisir de répondre à ceci : l'homme fait-il, ou non, partie des animaux?

CALLICLÈS : Sans doute.

SOCRATE : Or, c'était des hommes que Périclès avait à conduire?

CALLICLÈS : Oui.

SOCRATE : Eh bien, n'auraient-ils pas dû, comme nous venons d'en convenir, devenir par ses soins plus justes qu'ils ne l'étaient avant, **(516c)** si Périclès avait pour les diriger les qualités d'un homme d'État?

Périclès a été le premier homme d'État athénien à instituer une rétribution pour les jurés dans les procès et une solde pour les marins et les soldats.

Hommes aux oreilles déchirées Les admirateurs des Spartiates s'adonnaient à des sports de combat comme eux, et leurs oreilles portaient la trace de coups de poing.

Sur le procès et la condamnation de Périclès, on lira avec profit *La vie de Périclès* de Plutarque.

Cette comparaison entre le chef d'État et le gardien de troupeaux ou le berger était et a long-temps été courante.

Homère, chant VI de l'*Odyssée*.

CALLICLÈS : Certainement.

SOCRATE : Or les justes sont doux, au dire d'Homère. Qu'en dis-tu? N'est-ce pas ton avis?

CALLICLÈS : Si.

SOCRATE : Cependant il les a rendus plus féroces qu'il ne les avait reçus, et cela contre lui-même, le dernier qu'il aurait voulu voir attaquer.

CALLICLÈS : Tu veux que j'en convienne?

SOCRATE : Oui, s'il te semble que je dis la vérité. **(516d)**

CALLICLÈS : Je suis d'accord alors.

SOCRATE : Mais en les rendant plus féroces, il les a rendus plus injustes et plus mauvais?

CALLICLÈS : Oui.

SOCRATE : À ce compte, Périclès n'était donc pas un bon politique?

CALLICLÈS : C'est toi qui le dis.

SOCRATE : Et toi aussi, par Zeus, si je m'en rapporte à tes aveux. Mais maintenant parlons de Cimon. N'a-t-il pas été frappé d'**ostracisme** par ceux dont il prenait soin, pour qu'ils n'aient plus à entendre sa voix pendant dix ans? Et Thémistocle n'a-t-il pas été traité de même et de plus condamné à l'exil? Quant à Miltiade, le vainqueur de Marathon, **(516e)** n'avaient-ils pas voté qu'il serait jeté dans le **barathre** et, sans le prytane, n'y aurait-il pas été précipité? Si cependant tous ces hommes avaient eu la vertu que tu leur attribues, ils n'auraient jamais été traités de la sorte. Il n'est pas naturel que les bons cochers restent fermes sur leur char au début de leur carrière et qu'ils en tombent juste au moment où ils ont dressé leurs chevaux et sont devenus eux-mêmes plus habiles, ce qui n'arrive ni dans l'art de conduire un attelage, ni dans aucun autre. N'est-ce pas ton avis?

CALLICLÈS : Si.

SOCRATE : Nous avions donc raison, à ce qu'il paraît, quand nous disions dans nos précédents discours **(517a)** qu'il n'y avait jamais eu, à notre connaissance, de bon politique dans notre ville. Tu admettais toi-même

Ostracisme Bannissement d'une durée de dix ans prononcé à la suite d'un jugement du peuple d'Athènes. La sentence était notée sur un morceau de poterie appelé οστρακον « ostrakon ».

Barathre Gouffre de l'Attique, près d'Athènes, dans lequel des condamnés à mort étaient jetés. Ce châtiment était réservé aux ennemis du peuple.

qu'il n'y en a pas parmi nos contemporains, mais qu'il y en avait eu jadis et à ceux-là tu donnais une place à part. Mais nous avons reconnu qu'ils étaient exactement pareils à ceux de nos jours, en sorte que, s'ils ont été des orateurs, ils n'ont fait usage ni de la véritable rhétorique, autrement ils n'auraient pas été renversés, ni de la rhétorique flatteuse.

CALLICLÈS : Il s'en faut pourtant de beaucoup, Socrate, qu'aucun des politiques d'aujourd'hui ait jamais fait quelque chose de comparable aux oeuvres de l'un quelconque de ceux-là. **(517b)**

SOCRATE : Moi non plus, mon admirable ami, je ne les blâme pas, en tant que serviteurs de l'État. Je crois même qu'à ce titre ils ont été supérieurs à ceux d'aujourd'hui et plus habiles à procurer à la cité ce qu'elle désirait. Mais pour ce qui est de faire changer ses désirs et d'y résister, en l'amenant par la persuasion ou par la contrainte aux mesures propres à rendre les citoyens meilleurs, il n'y a, pour ainsi dire, pas de différence entre ceux-ci et ceux-là. **(517c)** Or c'est là l'unique tâche d'un bon citoyen. À l'égard des navires, des murailles, des arsenaux et de beaucoup d'autres choses du même genre, je conviens avec toi qu'ils ont été plus habiles à en procurer que ceux d'aujourd'hui. Cela étant, nous faisons, toi et moi, à discuter ainsi, une chose ridicule : depuis le temps que nous conversons, nous n'avons pas cessé de tourner dans le même cercle, sans nous entendre l'un l'autre.

En tout cas, je suis sûr que tu as plus d'une fois admis et reconnu **(517d)** qu'il y a deux manières de traiter le corps et l'âme : l'une servile, par laquelle il est possible de procurer au corps, s'il a faim, des aliments, s'il a soif, des boissons, s'il a froid, des vêtements, des couvertures, des chaussures, bref, tout ce que le corps peut désirer. C'est à dessein que j'emploie les mêmes exemples, afin que tu me comprennes plus facilement. Quand on est en état de fournir ces objets, soit comme négociant ou marchand au détail, soit comme fabricant d'un de ces mêmes objets, boulanger, **(517e)** cuisinier, tisserand, cordonnier, tanneur, il n'est pas surprenant qu'en ce cas on se regarde soi-même et qu'on soit regardé par les autres comme chargé du soin du corps, si on ne sait pas qu'outre tous ces arts il y a un art de la gymnastique et de la médecine qui constitue la véritable culture du corps, et auquel il appartient de commander à tous ces arts et de se servir de leurs produits, parce qu'il sait ce qui, dans les aliments ou les boissons, est salutaire ou nuisible à la santé du corps, **(518a)** et que tous les autres l'ignorent. C'est pour cela qu'en ce qui regarde le soin du corps, ces **arts** sont réputés **serviles**, bas, indignes d'un homme libre, tandis que la gymnastique et la musique passent à bon droit pour être les maîtresses de ceux-là.

Qu'il en soit de même en ce qui concerne l'âme, tu sembles le comprendre au moment même où je te le dis et tu en conviens en homme qui a compris ma pensée ; mais, un moment après, tu viens me dire qu'il y a d'honnêtes citoyens dans notre ville, **(518b)** et, quand je te demande lesquels, tu mets en avant des hommes qui me paraissent exactement tels en matière de politique que, si, interrogé par moi, en matière de gymnastique, sur ceux qui ont été ou sont habiles à dresser les corps, tu me citais avec le plus grand sérieux Théarion, le boulanger, Mithaïcos, celui qui a écrit sur la cuisine sicilienne, et Sarambon, le marchand de vin, parce qu'ils s'entendent merveilleusement à prendre soin du corps, en apprêtant admirablement, l'un le pain, **(518c)** l'autre les ragoûts et le troisième le vin.

Peut-être t'indignerais-tu si je te disais : « Tu n'entends rien, l'ami, à la gymnastique. Tu me nommes des gens qui sont des serviteurs et des pourvoyeurs de nos besoins, mais qui n'entendent rien à ce qui est beau et bon en cette matière. Le hasard peut faire qu'ils remplissent et épaississent les corps de leurs clients et qu'ils soient loués par eux, mais ils finiront par leur

Arts serviles La plupart des tâches relatives à l'entretien de la vie étaient accomplies par des esclaves et jugées déshonorantes, surtout par les aristocrates. En revanche, les maîtres de gymnastique et les médecins pouvaient être des hommes libres.

Théarion était boulanger à Athènes, Mithaïcos était cuisinier venu de Syracuse en Sicile et Sarambon est un personnage inconnu, seul Platon en fait mention.

faire perdre même leur ancienne corpulence. Ceux-ci, de leur côté, sont trop ignorants **(518d)** pour accuser ceux qui les régalent d'être les auteurs de leurs maladies et de la perte de leur poids primitif; mais, si par hasard il se trouve là des gens qui leur donnent quelque conseil, au moment où les excès qu'ils ont faits sans égard pour leur santé auront longtemps après amené la maladie, ce sont ceux-là qu'ils accuseront, qu'ils blâmeront, qu'ils maltraiteront, s'ils le peuvent, tandis que, pour les premiers, qui sont la cause de leurs maux, ils n'auront que des éloges. » **(518e)**

Toi, Calliclès, tu agis exactement comme eux. Tu vantes des hommes qui ont régalé les Athéniens en leur servant tout ce qu'ils désiraient, et qui ont, dit-on, agrandi l'État. Mais on ne voit pas que l'agrandissement dû à ces anciens politiques n'est qu'une enflure où se dissimule un ulcère. **(519a)** Ils n'avaient en effet pas en vue la tempérance et la justice, quand ils ont rempli la cité de ports, d'arsenaux, de remparts, de **tributs** et autres bagatelles semblables. Quand viendra l'accès de faiblesse, les Athéniens accuseront ceux qui se trouveront là et donneront des conseils, mais ils n'auront que des éloges pour Thémistocle, pour Cimon, pour Périclès, auteurs de leurs maux. Peut-être est-ce à toi qu'ils s'attaqueront, si tu n'y prends pas garde, ou à mon ami Alcibiade, **(519b)** quand avec leurs acquisitions ils perdront leurs anciennes possessions, quoique vous ne soyez pas les auteurs du mal, mais seulement peut-être des complices.

Hommes politiques et sophistes : également inconséquents

Au reste, il y a une chose déraisonnable que je vois faire aujourd'hui et que j'entends dire également des hommes d'autrefois. Je remarque que, lorsque la cité met en cause un de ses hommes d'État présumé coupable, ils s'indignent et se plaignent de l'affreux traitement qu'ils subissent. Ils ont rendu mille services à

Tribut Contribution imposée aux vaincus par les vainqueurs. Les tributs ont largement contribué à l'enrichissement d'Athènes.

l'État, s'écrient-ils, et l'État les condamne injustement. Mais c'est un pur mensonge, car jamais un chef d'État **(519c)** ne peut être opprimé injustement par la cité même à laquelle il préside. Il semble bien qu'il faut mettre ceux qui se donnent pour des hommes d'État sur la même ligne que les sophistes. Les sophistes, gens sages en tout le reste, se conduisent d'une manière absurde en ceci. Ils se donnent pour professeurs de vertu et souvent ils accusent leurs disciples d'être injustes envers eux, en les privant de leur salaire et ne leur témoignant pas toute la reconnaissance due à leurs bienfaits. **(519d)** Or y a-t-il rien de plus inconséquent qu'un tel discours? Des hommes devenus bons et justes par les soins d'un maître qui leur a ôté l'injustice et les a mis en possession de la justice pourraient lui faire tort avec ce qu'ils n'ont plus! Ne trouves-tu pas cela absurde, camarade? Tu m'as réduit, Calliclès, à faire une véritable harangue en refusant de me répondre.

CALLICLÈS : Mais toi-même, ne saurais-tu parler sans qu'on te réponde?

SOCRATE : Peut-être. En tout cas, je tiens à présent de longs discours, **(519e)** parce que tu refuses de me répondre. Mais, au nom du dieu de l'amitié, dis-moi, mon bon ami, ne trouves-tu pas absurde de prétendre qu'on a rendu bon un homme et, quand cet homme l'est devenu et qu'il l'est grâce à nous, de lui reprocher d'être méchant?

CALLICLÈS : C'est mon avis.

SOCRATE : N'entends-tu pas tenir le même langage à ceux qui font profession de former les hommes à la vertu? **(520a)**

CALLICLÈS : Si, mais pourquoi parles-tu de gens qui ne méritent aucune considération?

SOCRATE : Et toi, que diras-tu de ces hommes qui font profession de gouverner la cité et de travailler à la rendre la meilleure possible et qui l'accusent ensuite, à l'occasion, d'être extrêmement corrompue? Vois-tu

---

Les sophistes ont été les premiers maîtres à exiger un salaire en échange de leur enseignement, ce qui, au début de leur activité, a profondément choqué les Athéniens.

Calliclès, qui semble avoir une certaine considération pour l'orateur Gorgias, n'aurait que mépris pour ces maîtres de vertu qu'étaient les sophistes.

quelque différence entre ceux-ci et ceux-là? Sophistique et rhétorique, mon bienheureux ami, c'est tout un, ou du moins voisin et ressemblant, ainsi que je le disais à Polos. Mais toi, **(520b)** dans ton ignorance, tu crois que l'une, la rhétorique, est une chose parfaitement belle et tu méprises l'autre. Mais en réalité la sophistique l'emporte en beauté sur la rhétorique autant que la législation sur la jurisprudence et la gymnastique sur la médecine. Pour ma part, je croyais que les orateurs politiques et les sophistes étaient les seuls qui n'aient pas le droit de reprocher à celui qu'ils éduquent eux-mêmes d'être mauvais à leur égard, qu'autrement ils s'accusent eux-mêmes du même coup de n'avoir fait aucun bien à ceux qu'ils prétendent améliorer. **(520c)** N'est-ce pas vrai?

CALLICLÈS : Certainement.

La gymnastique ayant une fonction préventive est supérieure à la médecine qui est essentiellement curative.

L'éducateur et l'homme politique devraient servir sans exiger de rémunération

SOCRATE : Ce sont aussi, je crois, les seuls qui pourraient vraisemblablement donner leurs services sans exiger de salaire, si ce qu'ils disent est vrai. Pour toute autre espèce de service, par exemple, pour avoir appris d'un maître de gymnastique à courir vite, il se pourrait que le bénéficiaire veuille priver son maître de la reconnaissance qu'il lui doit, si celui-ci lui avait donné ses leçons en toute confiance et sans stipuler qu'il toucherait son salaire au moment même, autant que possible, où il lui communiquerait l'agilité. **(520d)** Ce n'est pas la lenteur en effet, je pense, qui fait qu'on est injuste, c'est l'injustice. Est-ce vrai?

CALLICLÈS : Oui.

SOCRATE : Donc, si c'est précisément l'injustice que le maître lui retire, le maître n'a pas à craindre l'injustice de son disciple, et, seul, il peut en toute sûreté placer ce service sans condition, s'il est réellement capable de faire des hommes vertueux. N'est-ce pas vrai?

CALLICLÈS : J'en conviens.

SOCRATE : C'est pour cette raison, semble-t-il, que pour toute autre espèce de conseil, par exemple à propos d'architecture et des autres arts, il n'y a aucune honte à recevoir de l'argent. **(520e)**

CALLICLÈS : Il semble que oui.

SOCRATE : Mais s'il s'agit de la méthode à suivre pour devenir aussi bon que possible et pour administrer parfaitement sa maison ou la cité, c'est une opinion établie qu'il est honteux de n'accorder ses conseils que contre argent. Est-ce vrai ?

CALLICLÈS : Oui.

SOCRATE : La raison en est évidemment que, parmi les bienfaits, c'est le seul qui inspire à celui qui l'a reçu le désir de le rendre, de sorte qu'on regarde comme un bon signe si l'auteur de ce genre de bienfaits est payé de retour, et comme mauvais, s'il ne l'est pas. Les choses sont-elles comme je dis ? **(521a)**

CALLICLÈS : Oui.

SOCRATE : Quelle méthode veux-tu donc que je choisisse pour prendre soin de l'État : dois-je combattre les Athéniens afin de les rendre les meilleurs possible, comme fait un médecin, ou les servir et chercher à leur plaire ? Dis-moi la vérité, Calliclès, car il est juste que, comme tu as commencé par être franc avec moi, tu continues à dire ce que tu penses. Parle donc nettement et bravement.

CALLICLÈS : Eh bien, je te conseille de les servir. **(521b)**

SOCRATE : À ce compte, c'est au métier de flatteur, mon noble ami, que tu m'appelles.

CALLICLÈS : De **Mysien**, si tu préfères ce nom, car si tu ne fais pas ce que je dis...

SOCRATE : Ne me répète pas ce que tu m'as déjà dit maintes fois, que je serais mis à mort par qui voudra, si tu ne veux pas qu'à mon tour je te répète que ce sera un méchant qui fera mettre à mort un honnête homme, ni que je serai dépouillé de mes biens, si tu ne veux pas que je te répète aussi que celui qui me volera mes biens ne saura pas en faire usage, mais que,

---

C'était ce que promettaient les sophistes aux jeunes gens qui suivaient leur enseignement.

Le désir de rendre le bienfait était, aux yeux des Grecs, ce qui distinguait fondamentalement l'éducation des activités commerciales où des biens matériels sont échangés contre de l'argent.

Mysien Les Mysiens étaient considérés comme des barbares et des êtres méprisables.

comme il les aura enlevés injustement, il en usera injustement quand il en sera le maître, **(521c)** et s'il en use injustement il en usera honteusement et, mal, parce que honteusement.

CALLICLÈS : Tu me parais bien confiant, Socrate, de croire qu'il ne t'arrivera rien de semblable, parce que tu vis à l'écart, et que tu ne seras pas traîné devant un tribunal par un homme peut-être foncièrement méchant et méprisable.

Lorsque Platon a écrit *Gorgias*, Socrate avait été condamné et était mort depuis une dizaine d'années.

Socrate assume les conséquences de ses convictions

SOCRATE : Je serais effectivement bien sot, Calliclès, si je ne croyais pas que, dans cette ville, n'importe qui peut avoir à souffrir un jour ou l'autre un pareil accident. Mais il y a une chose dont je suis sûr, c'est que, si je comparais devant un tribunal et si j'y cours un des risques dont tu parles, **(521d)** celui qui m'y citera sera un méchant homme, car jamais homme de bien n'accusera un innocent. Et il n'y aurait rien d'étonnant à ce que je sois condamné à mort. Veux-tu que je te dise pourquoi je m'y attends?

CALLICLÈS : Oui, certes.

SOCRATE : Je crois que je suis un des rares Athéniens, pour ne pas dire le seul, qui s'attache au véritable art politique, et qu'il n'y a que moi qui le pratique aujourd'hui. Comme chaque fois que je m'entretiens avec quelqu'un, ce n'est pas pour plaire que je parle, mais parce que je vise au plus utile et non au plus agréable, et parce que je ne peux pas me résoudre à faire **(521e)** ces jolies choses que tu me conseilles, je n'aurai rien à dire devant mes juges. Le cas dont je parlais à Polos est aussi le mien. Je serai jugé comme le serait un médecin accusé devant des enfants par un cuisinier. Vois en effet ce qu'un pareil accusé pris au milieu de tels juges pourrait alléguer pour sa défense, si on l'accusait en ces termes : « Enfants, l'homme que voici vous a souvent fait du mal à vous-mêmes et il déforme les plus jeunes d'entre vous en les incisant et les brûlant, il les réduit au désespoir en les faisant maigrir et en les étouffant, **(522a)** il leur donne des breuvages très amers, les force à souffrir la faim et la soif, au lieu de vous régaler, comme moi, de mille choses exquises et variées. » Que crois-tu que pourrait dire le médecin pris dans ce guêpier? S'il disait, ce qui est vrai : « Je n'ai fait tout cela, enfants, que pour votre santé », quelle clameur crois-tu que pousseraient de tels juges? Ne serait-elle pas violente?

CALLICLÈS : Sans doute.

SOCRATE : Ne crois-tu pas qu'il sera fort embarrassé de savoir quoi dire? **(522b)**

CALLICLÈS : Assurément.

SOCRATE : Je sais bien que la même chose m'arriverait si je comparaissais devant des juges, car je ne pourrais pas alléguer que je leur ai procuré ces plaisirs qu'ils regardent comme des bienfaits et des services, tandis que moi, je n'envie ni ceux qui les procurent, ni ceux qui les reçoivent. Si on m'accuse ou de **corrompre les jeunes gens**, en les réduisant à douter, ou d'insulter les gens plus âgés, en tenant sur eux des propos amers, soit en particulier, soit en public, je ne pourrai ni leur répondre conformément à la vérité : **(522c)** « C'est la justice qui me fait parler ainsi et en cela je sers votre intérêt, juges », ni dire quoi que ce soit d'autre ; de sorte que je dois m'attendre à ce qu'il plaira au sort d'ordonner.

CALLICLÈS : Alors tu crois, Socrate, qu'il est beau pour un homme d'être dans une pareille position et dans l'impuissance de se défendre lui-même?

SOCRATE : Oui, Calliclès, à condition qu'il ait une chose que tu lui as plusieurs fois accordée, je veux dire qu'il se soit ménagé le secours qui consiste à n'avoir rien dit ni rien fait d'injuste ni envers les hommes, ni envers les dieux. Cette manière de se secourir soi-même, ainsi que nous l'avons reconnu plus d'une fois, est en effet la meilleure de toutes. **(522d)** Si donc on me prouvait que

Corruption des jeunes gens Référence à l'un des chefs d'accusation portés contre Socrate en ~399.

je suis incapable de m'assurer cette sorte de secours à moi-même et à un autre, je rougirais d'en être convaincu devant peu comme devant beaucoup de personnes et même en tête à tête avec moi seul, et si cette impuissance devait causer ma mort, j'en serais bien fâché ; mais si je perdais la vie faute de connaître la rhétorique flatteuse, **(522e)** je suis sûr que tu me verrais supporter facilement la mort. La mort en soi n'a rien d'effrayant, à moins qu'on ne soit tout à fait déraisonnable et lâche ; ce qui est effrayant, c'est l'injustice, car le plus grand des malheurs est d'arriver chez Hadès avec une âme chargée de crimes. Si tu le veux, je suis prêt à te faire un récit qui te le prouvera.

CALLICLÈS : Eh bien, puisque tu as achevé ton exposition, achève aussi de traiter ce point. **(523a)**

Le mythe du jugement des morts

SOCRATE : Écoute donc, comme on dit, une belle histoire, que tu prendras, je m'en doute, pour une fable, mais que je tiens pour une histoire vraie, car je te garantis que ce que je vais dire est vrai.

Comme le dit Homère, Zeus, Poséidon et Pluton*, ayant reçu l'empire de leur père, l'ont partagé entre eux. Or au temps de Cronos*, il y avait à l'égard des hommes une loi, qui a toujours subsisté et qui subsiste encore parmi les dieux, que celui qui a mené une vie juste et sainte aille après sa mort **(523b)** dans les **îles des Bienheureux** pour y séjourner à l'abri de tout mal dans une félicité parfaite, et qu'au contraire celui qui a vécu dans l'injustice et l'impiété aille dans la prison de l'expiation et de la peine, qu'on appelle le **Tartare**.

Or, au temps de Cronos et au début du règne de Zeus, les juges étaient vivants et jugeaient des vivants, le jour même où ceux-ci devaient mourir. Aussi les jugements étaient mal rendus. Alors Pluton et les surveillants des îles Fortunées allaient rapporter à Zeus qu'il leur venait **(523c)** dans les deux endroits des hommes qui ne méritaient pas d'y séjourner. « Je vais

Îles des Bienheureux
C'est chez Hésiode* et non dans Homère qu'il est question de ce lieu.

Tartare Lieu souterrain où séjournent les ombres des morts pour expier les crimes qu'ils ont commis sur terre.

mettre un terme à ces erreurs, répondit Zeus. Ce qui fait que les jugements sont mal rendus, c'est qu'on juge les hommes tout vêtus, car on les juge de leur vivant. Aussi, poursuivit-il, beaucoup d'hommes qui ont des âmes dépravées sont revêtus de beaux corps, de noblesse et de richesse, et, à l'heure du jugement, il leur vient une foule de témoins pour attester qu'ils ont vécu selon la justice. Les juges sont éblouis par tout cela. En outre, ils jugent tout habillés eux aussi, **(523d)** ayant devant leur âme, comme un voile, des yeux, des oreilles et tout leur corps. Cet appareil qui les couvre, eux et ceux qu'ils ont à juger, leur gêne la vue. La première chose à faire, ajouta-t-il, c'est d'ôter aux hommes la connaissance de l'heure où ils doivent mourir, car ils la connaissent à l'avance. Aussi Prométhée* a déjà été averti de mettre un terme à cet abus. **(523e)**

Ensuite il faut qu'on les juge dépouillés de tout cet appareil. Il faut aussi que le juge soit nu et mort, pour examiner avec son âme seule l'âme de chacun, aussitôt après sa mort, et que celui qu'il juge ne soit assisté d'aucun parent et qu'il laisse tout ce faste sur la terre afin que le jugement soit équitable. J'avais reconnu ce désordre avant vous ; en conséquence j'ai établi comme juges trois de mes fils, deux d'Asie, Minos et Rhadamanthe, **(524a)** et un d'Europe, Éaque. Lorsqu'ils seront morts, ils rendront leurs jugements dans la prairie, au carrefour d'où partent les deux routes qui mènent, l'une aux îles des Bienheureux, l'autre au Tartare. Rhadamanthe jugera les hommes de l'Asie, Éaque ceux de l'Europe. Pour Minos, je lui réserve le privilège de juger en dernière instance, si les deux autres sont embarrassés, afin que le jugement qui décide du voyage des hommes soit aussi juste que possible. »

Voilà, Calliclès, ce que j'ai entendu raconter et que je tiens pour vrai, **(524b)** et de ces récits je tire la conclusion suivante. La mort, à ce qu'il me semble, n'est pas autre chose que la séparation de deux choses, l'âme et le corps. Quand elles sont séparées l'une de l'autre, chacune d'elles n'en reste pas moins dans l'état où elle était du vivant de l'homme. Le corps garde sa nature propre avec les marques visibles des traitements et des accidents qu'il a subis. Si, par exemple, un homme était de haute taille de son vivant, **(524c)** soit par nature, soit grâce à son régime, soit pour les deux causes à la fois, son corps est également de grande taille après sa mort ; s'il était gros, son cadavre est gros et ainsi de suite ; s'il portait des cheveux longs, son corps garde sa chevelure ; si c'était un homme qui avait été battu et, si, pendant sa vie, il portait sur son corps les traces cicatrisées des coups de fouet ou d'autres blessures, on peut les voir sur son cadavre ; s'il avait des membres brisés ou contrefaits tandis qu'il était en vie, ces défauts sont encore visibles sur son cadavre. **(524d)** En un mot, les traits de son organisation physique pendant la vie restent tous ou presque tous visibles après la mort durant un certain temps. Il me paraît, Calliclès, qu'il en est de même à l'égard de l'âme et que, lorsqu'elle est dépouillée de son corps, on aperçoit en elle tous les traits de son caractère et les modifications qu'elle a subies par suite des divers métiers que l'homme a pratiqués.

Donc lorsque les morts sont arrivés devant le juge, par exemple ceux d'Asie devant Rhadamanthe, celui-ci les fait approcher de lui **(524e)** et il examine chaque âme sans savoir à qui elle appartient. Souvent, mettant la main sur le Grand Roi ou sur tout autre souverain ou tyran, il constate qu'il n'y a rien de sain dans son âme, qu'elle est toute tailladée et balafrée par les parjures et l'injustice **(525a)** dont chacun des actes de l'homme y a marqué l'empreinte, que tout y est tordu par le mensonge et la vantardise et que rien n'y est droit, parce qu'elle a été nourrie loin de la vérité, et qu'enfin la débauche, la mollesse, l'insolence et le dérèglement de sa conduite l'ont remplie de désordre et de laideur. À cette vue, Rhadamanthe la renvoie honteusement tout droit à la prison pour y subir les châtiments qui lui conviennent.

Or ce qui convient à tout être qu'on châtie, quand on le châtie justement, **(525b)** c'est de devenir meilleur et de tirer profit de la punition, ou de servir d'exemple aux autres, afin qu'en le voyant souffrir ce qu'il souffre, ils prennent peur et s'améliorent. Mais ceux qui tirent profit de l'expiation que leur imposent, soit les dieux, soit les hommes sont ceux qui n'ont commis que des fautes qu'il est possible d'expier. Toutefois ce profit ne s'acquiert que par des douleurs et des souffrances, et sur cette terre, et dans l'Hadès, car c'est le seul moyen de se débarrasser de l'injustice. **(525c)** Quant à ceux qui ont commis les forfaits les plus graves et sont par conséquent devenus incurables, ce sont eux qui servent d'exemples. Eux-mêmes ne tirent plus aucun profit de leurs souffrances, puisqu'ils sont incurables. D'autres profitent cependant à les voir éternellement souffrir, à cause de leurs fautes, les plus grands, les plus douloureux, les plus effroyables supplices, et, suspendus comme de vrais épouvantails, là-bas, dans la prison de l'Hadès, servir de spectacle et d'avertissement à chaque nouveau coupable qui arrive en ces lieux. **(525d)**

Archélaos sera du nombre, je puis te l'assurer, si Polos a dit vrai, ainsi que tout autre tyran pareil à lui. Je crois en effet que la plupart de ceux qui servent d'exemples sont des tyrans, des rois, des potentats et des hommes politiques, car ce sont ceux-là qui, grâce à leur pouvoir arbitraire, commettent les crimes les plus graves et les plus impies. Homère lui-même en témoigne ; ce sont en effet des rois et des tyrans qu'il a représentés comme éternellement punis **(525e)** dans l'Hadès : Tantale*, Sisyphe*, Tityos*. Quant à Thersite et aux autres méchants qui étaient de simples particuliers, personne ne les a représentés comme incurables et soumis comme tels aux grands châtiments. C'est que, sans doute, le pouvoir leur manquait ; aussi étaient-ils plus heureux que ceux qui l'avaient.

Thersite est un personnage de l'*Iliade*, combattant dans la guerre de Troie. Il a été tué par Achille dans un accès de colère parce qu'il s'était moqué de lui.

C'est en fait, Calliclès, parmi les puissants que se trouvent les hommes qui deviennent extrêmement méchants. **(526a)** Rien n'empêche pourtant qu'il ne se rencontre parmi eux des hommes vertueux qu'on ne saurait trop admirer. Il est effectivement difficile, Calliclès, et souverainement méritoire, quand on a pleine liberté de mal faire, de rester juste toute sa vie. Mais on rencontre peu de caractères de cette trempe. Il y a eu néanmoins dans cette ville et ailleurs, et il y aura sans doute encore d'honnêtes gens pour pratiquer la vertu qui consiste à administrer avec justice **(526b)** les affaires qu'on leur confie. On en a même vu un qui est devenu très célèbre par toute la Grèce, Aristide*, fils de Lysimaque. Mais la plupart des tyrans, excellent Calliclès, deviennent des scélérats.

Pour en revenir à ce que je disais, lorsque ce Rhadamanthe reçoit un de ces scélérats, il ignore tout de lui, qui il est et de quelle famille, sauf que c'est un méchant. Quand il s'en est assuré, il le relègue au Tartare, après avoir signalé par une marque s'il le juge guérissable ou incurable. **(526c)** Arrivé là, le coupable subit la peine qui convient à son état. D'autres fois, en voyant une âme qui a vécu saintement et dans la vérité, âme d'un simple citoyen ou de tout autre, mais particulièrement, je te l'affirme, Calliclès, d'un philosophe qui ne s'est occupé durant sa vie que de ses propres affaires, sans s'ingérer dans celles des autres, il s'abandonne à l'admiration et l'envoie dans les îles des Bienheureux. Éaque s'occupe du même office. Tous les deux jugent en tenant une baguette à la main. Quant à Minos, qui surveille ces jugements, il est assis et, seul, il a un sceptre d'or, comme l'Ulysse d'Homère rapporte qu'il l'a vu **(526d)** « tenant un sceptre d'or et rendant la justice aux morts. »

Homère, chant XI de l'*Odyssée*.

Pour ma part, Calliclès, j'ajoute foi à ces récits, et je m'applique à rendre mon âme aussi saine que possible pour la présenter au juge. Je n'ai aucun souci des honneurs chers à la plupart des hommes, je ne cherche que la vérité et je veux tâcher d'être réellement aussi parfait que possible de mon vivant et à ma mort, quand mon heure sera venue. **(526e)** J'exhorte aussi tous les autres hommes, autant que je le peux, et je t'exhorte toi-même, Calliclès, contrairement à tes conseils, à suivre ce genre de vie et à t'exercer à ce combat qui vaut, je te l'assure, tous les combats de ce bas monde, et je te blâme de l'incapacité où tu seras de te défendre toi-même quand viendra pour toi le moment de ce procès et de ce jugement dont je parlais tout à l'heure. Quand tu arriveras devant ton juge, le fils d'Égine, et que, mettant la main sur toi, **(527a)** il te mènera devant son tribunal, tu resteras bouche bée et la tête te tournera là-bas tout comme à moi ici, et peut-être seras-tu frappé honteusement sur la joue et en butte à tous les outrages.

Peut-être considères-tu mon récit comme un conte de vieille femme pour lequel tu n'éprouves que du dédain. Il ne serait d'ailleurs pas surprenant que nous le dédaignions, si par nos recherches dans un sens ou dans l'autre nous pouvions trouver quelque chose de meilleur et de plus vrai. Mais tu vois qu'à vous trois, qui êtes les plus savants des Grecs d'aujourd'hui, toi, Polos et Gorgias, **(527b)** vous êtes hors d'état de prouver qu'on doive mener une autre vie que celle-ci, qui apparaît comme utile même dans l'autre monde. Au contraire, parmi tant d'opinions, toutes les autres ayant été réfutées, celle-ci reste seule inébranlable : il faut se garder avec plus de soin de commettre l'injustice que de la subir ; il faut avant tout s'appliquer non pas à paraître bon mais à l'être, dans la vie privée comme dans la vie publique ; il faut qu'un homme qui devient mauvais en quelque point soit châtié, le second bien, après celui d'être juste, consistant à le devenir et à expier sa faute par la punition ; **(527c)** il faut éviter toute flatterie envers soi-même et envers les autres, qu'ils soient en petit ou en grand nombre ; et on ne doit jamais ni parler ni agir qu'en vue de la justice.

ÉPILOGUE :
EXHORTATION À CALLICLÈS

Écoute-moi donc et suis-moi dans la route qui te conduira au bonheur et pendant ta vie et après ta mort, comme la raison l'indique. Endure qu'on te méprise comme insensé, qu'on te bafoue, si on veut, et même, par Zeus, qu'on t'assène ce **coup si outrageant. (527d)** Reçois-le sans te troubler ; tu n'en éprouveras aucun mal si tu es réellement un honnête homme qui pratique la vertu. Puis, quand nous l'aurons ainsi pratiquée en commun, à ce moment, si nous le jugeons à propos, nous aborderons la politique, ou, si nous nous décidons pour une autre carrière, nous délibèrerons alors, étant devenus plus capables de le faire que nous ne le sommes à présent. Nous devrions en effet rougir dans l'état où nous paraissons être à présent, de fanfaronner comme si nous valions quelque chose, nous qui changeons à chaque instant de sentiment sur les mêmes sujets et les plus importants, **(527e)** tant est grande notre ignorance ! Prenons donc pour guide la vérité qui vient de nous apparaître et qui nous enseigne que la meilleure conduite à suivre est de vivre et de mourir en pratiquant la justice et les autres vertus. Attachons-nous donc à cette doctrine et engageons les autres à la suivre, au lieu de celle qui t'a séduit et que tu m'exhortes à pratiquer car elle ne vaut rien, Calliclès.

Coup si outrageant
Il s'agit de la gifle, qui était considérée comme l'offense la plus humiliante.

DIEUX
ET PERSONNAGES HISTORIQUES

Alcibiade (v.~450 à ~404) Homme politique athénien, neveu de Périclès. Il était remarquable pour sa beauté et ses talents. Il a été élu stratège à tout juste 30 ans mais son ambition, son opportunisme et sa vie dissolue ont fini par le perdre : il est mort assassiné. Il a été pendant un certain temps disciple et ami de Socrate qui lui a sauvé la vie à la bataille de Potidée en ~429. Platon a écrit un dialogue qui porte son nom, mais il faut surtout lire la dernière partie du *Banquet* qui permet de mieux comprendre le tempérament du personnage et sa relation singulière avec Socrate.

Anaxagore (v.~500 à v.~428) Originaire d'Ionie, il a été le premier philosophe à résider à Athènes où il a été l'ami et le maître de Périclès. Il s'est surtout occupé, comme les autres philosophes ioniens, de cosmologie et de physique.

Archélaos Roi de Macédoine vers ~413, il est mort en ~399. Bien que Platon le décrive, avec raison, comme un personnage cruel auteur de nombreux forfaits, il a fait de Pella, sa capitale, un centre artistique important pour la culture grecque et très fréquenté par ses auteurs.

Aristide (v.~550 à v.~467) Homme d'État athénien. On le surnommait le Juste et il est resté célèbre pour son intégrité, son patriotisme et sa modération.

Aristocratès L'un des chefs du parti aristocratique opposé à l'oligarchie des Quatre-Cents.

Aristophane (v.~450 à ~386) Auteur prolifique et sans doute le plus connu des auteurs comiques athéniens. Une trentaine de ses comédies nous sont parvenues et sont encore jouées. Son humour corrosif est souvent dirigé contre les courants intellectuels de son temps. Dans l'une de ses pièces, *Les nuées*, il tourne Socrate en ridicule et son propos n'est peut-être pas étranger à l'accusation d'impiété qui a été retenue contre le philosophe.

Aristote (~384 à ~322) Né à Stagire, d'où le nom sous lequel on le désigne souvent : le Stagirite. Il s'installa à Athènes en ~367 et y devint un disciple de Platon à l'Académie jusqu'à la mort de celui-ci. Il quitta alors Athènes et, quelques années plus tard, le roi de Macédoine, Philippe II, le sollicita pour devenir le précepteur de son fils, le futur Alexandre le Grand. Il revint à Athènes en ~335 et y fonda sa propre école, le Lycée. Son oeuvre est colossale et variée et couvre tous les champs du savoir, de la zoologie à la métaphysique, en passant par l'éthique, la poétique et la politique. Ce sont les Arabes qui, au 9e siècle, traduisirent et diffusèrent son oeuvre en Orient et en Occident. Sa philosophie imprégna profondément la philosophie et la théologie chrétienne pendant plusieurs siècles.

Cimon (v.~510 à v.~449) Homme d'État et stratège athénien, fils de Miltiade. Frappé d'ostracisme en ~461, il a néanmoins été rappelé à Athènes pour diriger une négociation de paix avec Sparte. Il a mené une nouvelle campagne contre les Perses et est mort à Chypre.

Cronos Le plus jeune fils d'Ouranos (le Ciel) et de Gaïa (la Terre). Il a épousé sa soeur Rhéa avec qui il a eu plusieurs enfants qu'il a dévorés, à l'exception de Zeus qui a fini par le détrôner.

Dionysos Fils de Zeus, qui l'a porté dans sa cuisse jusqu'à sa naissance après que sa mère Sémélé eut été foudroyée. Il a introduit en Grèce la culture de la vigne et c'est ainsi qu'il est devenu le dieu du vin et de l'extase. Il a été l'objet d'un culte important en Grèce et plus tard à Rome sous le nom de Bacchus.

Empédocle (v.~490 à v.~435) Philosophe présocratique d'origine sicilienne dont la légende veut qu'il ait été à la fois homme d'État, guérisseur et faiseur de miracles. Aristote le considérait comme l'inventeur de la rhétorique, et on dit que Gorgias aurait été son élève. Il a surtout été un grand penseur qui s'est efforcé d'expliquer le monde en s'appuyant sur des fondements scientifiques et rationnels.

Épicharme (v.~525 à v.~450) Poète comique originaire de Sicile à qui on attribuait aussi certains écrits philosophiques.

Euripide (~480 à ~406) L'un des trois grands poètes tragiques grecs, les deux autres étant Eschyle et Sophocle. Il a fréquenté Socrate et on le dit influencé par les philosophes et les sophistes.

Hadès Autre nom de Pluton. Fils de Cronos et de Rhéa, frère de Zeus. Lors du partage du monde par ce dernier, il a obtenu les Enfers, c'est-à-dire le royaume des morts, sur lequel il régnait avec sa femme Perséphone. L'*Hadès* désigne les Enfers.

Héra Fille de Cronos, soeur et femme de Zeus et donc reine des dieux. Déesse du mariage et des femmes mariées. Souvent dépeinte comme une femme jalouse que les multiples infidélités de son divin époux rendaient furieuse et vengeresse.

Héraclès (Hercule en latin) Fils de Zeus, il est le plus célèbre des héros grecs pour sa force, son courage, son endurance et sa bonté. Ses exploits (les douze travaux d'Hercule) étaient connus et son culte célébré dans tout le monde grec.

Hésiode (~8ᵉ à ~7ᵉ siècle) Il est avec Homère l'un des tout premiers poètes grecs. Deux de ses grands poèmes nous sont parvenus : *Théogonie*, qui raconte la naissance et la généalogie des dieux, et *Les travaux et les jours*, qui traitent des activités liées à la terre, assortis d'un ensemble de maximes et de préceptes moraux.

Homère (~9ᵉ ou ~8ᵉ siècle) Il est considéré comme étant l'auteur de l'*Iliade* et de l'*Odyssée*. On ne sait rien de certain sur sa vie. Les Grecs le représentaient comme un ménestrel aveugle qui avait mené une vie pauvre et errante. Aristote le considérait comme « le poète des poètes ».

Kinésias Poète auteur de dithyrambes, abondamment tourné en ridicule par ses contemporains.

Mélès Cithariste unanimement considéré comme tout à fait médiocre et qu'on critiquait pour avoir perverti la sobriété de l'art musical.

Miltiade (~540 à ~489) Homme politique et stratège, architecte de la victoire athénienne à Marathon. Pour un revers militaire, il a été mis en accusation à Athènes et condamné à payer une amende. Il est mort en prison des suites de blessures de guerre.

Nicias (v.~470 à ~413) Homme politique athénien, chef du parti aristocratique. En ~421, il a négocié une trêve dans la guerre du Péloponnèse dite *paix de Nicias*.

Périclès (v.~495 à ~429) Sans doute le plus célèbre homme politique et stratège militaire d'Athènes. Partisan de la démocratie, il a été l'initiateur de la construction du Parthénon et d'autres bâtiments importants de l'époque. Il a aussi été l'ami des hommes cultivés et des intellectuels de son temps. On a d'ailleurs appelé le siècle où il a vécu, qui correspond à l'âge d'or d'Athènes, le *siècle de Périclès*.

Pindare (~518 à v.~438) Poète lyrique grec. Ses odes composées en l'honneur des vainqueurs aux Jeux panhelléniques sont considérées comme des chefs-d'oeuvre du lyrisme grec.

Pluton Autre nom de Hadès.

Prométhée Son nom veut dire « le prévoyant ». Il appartient à la génération des Titans. Il est considéré comme le bienfaiteur de l'humanité à qui il aurait donné le feu, qu'il avait dérobé aux dieux, ainsi que toutes sortes d'arts susceptibles d'améliorer sa vie. Zeus l'a puni en le faisant attacher à un rocher où, chaque jour, un aigle venait dévorer son foie qui se reconstituait pendant la nuit.

Protagoras (~485 à ~411) Le plus célèbre des sophistes grecs, originaire d'Abdère en Thrace. Il a fait de longs séjours à Athènes où il est devenu l'ami de

Périclès et a fait la connaissance de Socrate. Il enseignait, entre autres, la relativité de toute connaissance et pratiquait un certain agnosticisme. On connaît ses formules célèbres : « L'homme est la mesure de toutes choses » et « Des dieux, on ne peut rien dire, ni qu'ils existent, ni qu'ils n'existent pas ». Accusé d'impiété, il a été chassé de la cité où ses livres ont été brûlés sur la place publique. Il est mort dans un naufrage alors qu'il était en route vers la Sicile. Platon en fait l'interlocuteur de Socrate dans un dialogue qui porte son nom.

Pyrilampe Beau-père de Platon, second mari de sa mère. Il était ami de Périclès et célèbre pour sa beauté, tout comme son fils Démos.

Pythagore (v.~580 à v.~500) Pythagore est un philosophe dont la doctrine est caractérisée par la théorie des nombres, selon laquelle la configuration mathématique des choses rend compte de leur essence. En éthique, les pythagoriciens appliquaient les mêmes concepts, notamment l'harmonie (qui peut se calculer par des rapports numériques). Leur mysticisme incluait la croyance en la transmigration des âmes.

Pythô Autre nom de Delphes, site d'un sanctuaire dédié à Apollon où sa prêtresse, la Pythie, rendait ses oracles.

Sisyphe Fondateur légendaire de Corinthe. Il avait la réputation d'être le plus rusé des mortels. Plusieurs légendes expliquent le châtiment que les dieux lui ont fait subir dans l'Hadès : pousser en haut d'une montagne un gros rocher qui, dès qu'il allait atteindre le sommet, dégringolait jusqu'en bas.

Tantale Fils de Zeus et de la nymphe Plouto. Pour avoir offensé les dieux, il a été puni en étant éternellement tourmenté par la soif, placé sous un arbre au milieu d'un lac, incapable d'atteindre les fruits et l'eau qui se dérobaient à lui.

Thémistocle (v.~525 à v.~460) Grand homme politique et surtout chef militaire athénien. Stratège et commandant de la flotte dans la guerre contre les Perses, il a remporté la célèbre victoire de Salamine. Il est tombé en disgrâce et a été frappé d'ostracisme en ~471. Selon Plutarque, il se serait suicidé.

Tityos Géant, fils de Gaïa, décrit dans l'*Odyssée* comme gisant au fond de l'Hadès et dont le foie est dévoré par deux vautours.

Xénophon (v.~430/~425 à v.~355/~352) Historien grec et disciple de Socrate. Son oeuvre abondante constitue un témoignage sur les évènements et les courants intellectuels de son temps. Il est entre autres l'auteur des *Mémorables,* d'une *Apologie de Socrate* et d'un *Banquet* qui présente une compilation de ses souvenirs de Socrate qu'il admirait.

Xerxès (~486 à ~465) Roi de Perse, fils et successeur de Darius. Il a mené une expédition victorieuse en Grèce en ~481 mais sa flotte a été détruite à Salamine en ~480 par la flotte athénienne commandée par Thémistocle.

Zeus Roi des dieux en Grèce. Fils de Cronos et de Rhéa, il a été caché dans une grotte pour échapper à la gloutonnerie de son père, lequel dévorait ses enfants. Zeus a supplanté son père à qui il les a fait restituer et il a tiré au sort le partage du monde avec eux. Hadès a reçu les Enfers (royaume des morts), Poséidon la Mer et lui se réserva les Cieux. C'est le seul dieu grec à avoir pour enfants des dieux puissants : Athéna, Apollon, Arthémis et les Muses, entre autres.

Zeuxis (fin du ~5e siècle) L'un des plus illustres peintres de l'Antiquité. On raconte que ses peintures étaient tellement ressemblantes aux objets peints que les oiseaux venaient picorer les raisins qui figuraient dans l'une d'elles.

BIBLIOGRAPHIE

OUVRAGES CITÉS

BERGUIN, HENRI, DUCLOS, GEORGES (1966). Euripide, *Les suppliantes. Théâtre complet* (tome 4). Paris, Garnier-Flammarion.

CANTO-SPERBER, MONIQUE (1993, 2ᵉ éd.). Platon, *Gorgias*. Paris, GF Flammarion. (Traduction inédite, introduction et notes.) Cet ouvrage a été une référence précieuse, particulièrement pour la rédaction des notes.

CHAMBRY, ÉMILE (1939). Platon, *Lettre VII. Oeuvres complètes* (tome 8). Paris, Librairie Garnier frères. (Introduction, présentation, traduction et notes.)

DE ROMILLY, JACQUELINE (1988). *Les grands sophistes dans l'Athènes de Périclès*. Paris, Éditions De Fallois, Le livre de poche.

DIXSAUT, MONIQUE (1985). *Le naturel philosophe : Essai sur les dialogues de Platon*. Paris, Les belles lettres / Vrin.

DUMONT, JEAN-PAUL (1991). *Les écoles présocratiques*. Paris, Gallimard, Folio essais. (Édition établie avec la collaboration de Daniel Delatte et Jean-Louis Poirier.)

MERLEAU-PONTY, MAURICE (1953). *Éloge de la philosophie*. Paris, Gallimard, NRF.

ROBIN, LÉON (1950). Platon, *Protagoras. Oeuvres complètes* (tome 1). Paris, Gallimard, La Pléiade. (Traduction et notes.)

ROUSSEL, DENIS (2000). Thucydide, *La guerre du Péloponnèse*. Paris, Gallimard, Folio classique. (Présentation, traduction et notes.)

LECTURES SUGGÉRÉES

BRISSON, LUC (2005, 3ᵉ éd.). Platon, *Apologie de Socrate, Criton*. Paris, GF Flammarion.

BRISSON, LUC (2000). *Lecture de Platon*. Paris, Vrin, Bibliothèque d'histoire de la philosophie.

BRISSON, LUC (1982). *Platon : Les mots et les mythes*. Paris, Maspéro.

CHÂTELET, FRANÇOIS (1965). *Platon*. Paris, Gallimard, NRF.

DE ROMILLY, JACQUELINE (1986). *Problèmes de la démocratie grecque*. Paris, Presse-Pocket.

DE ROMILLY, JACQUELINE (1989). *La Grèce antique à la découverte de la liberté*. Paris, Éditions de Fallois.

DE ROMILLY, JACQUELINE (1992). *Pourquoi la Grèce?* Paris, Éditions de Fallois.

DIXSAUT, MONIQUE (2003). *Platon : Le désir de comprendre*. Paris, Vrin, Bibliothèque des philosophes.

DODDS., ERIC ROBERTSON (1959). *Plato, Gorgias*. Oxford, Clarence Press. (Texte révisé avec introduction et commentaire.) Cet ouvrage fait autorité auprès de tous les spécialistes et commentateurs du *Gorgias*. Il n'existe pas de traduction française.

DORZ, GENEVIÈVE (1992). *Les mythes platoniciens*. Paris, Seuil, Points.

DUPRÉEL, EUGÈNE (1948). *Les sophistes*. Neuchâtel, Griffon.

JAEGER, WERNER (1988). *Paideia : La formation de l'homme grec*. Paris, Gallimard, Tel.

KOYRÉ, ALEXANDRE (1962). *Introduction à la lecture de Platon*. Paris, Gallimard, Essais.

MARROU, HENRI-IRÉNÉE (1982). *Histoire de l'éducation dans l'Antiquité* (vol.1). Paris, Seuil, Point Histoire.

MEYER, MICHEL (1991). Aristote, *Rhétorique*. Paris, Livre de poche. (Introduction.)

MOSSÉ, CLAUDE (1993). *Le citoyen dans la Grèce antique*. Paris, Nathan.

NIETZSCHE, FRIEDRICH (2005, 3ᵉ éd.). *Introduction à l'étude des dialogues de Platon*. Combas, Éditions de l'Éclat. (Présentation et traduction de l'allemand par Olivier Sedeyn.)

PERNOT, LAURENT (2000). *La rhétorique dans l'Antiquité*. Paris, Librairie générale française.

ROMEYER-DHERBEY, GILBERT (1995, 4ᵉ éd.). *Les sophistes*. Paris, PUF.